맨발로
하늘까지

맨발로
하늘까지

초판 인쇄 / 2014년 3월 15일
초판 발행 / 2014년 3월 20일

지은이 / 박해수
펴낸이 / 김경옥
편집 / 이진만 염민정
펴낸곳 / 도서출판 온북스
등록번호 / 제 312-2003-000042호
등록년월일 / 2003년 8월 14일
주소 / 서울특별시 종로구 수표로 83
전화 / 02) 303-0762, 2273-4602
팩스 / 02) 303-2010, 2274-4602
전자우편 / bjs4602@hanmail.net

ISBN 978-89-92364-54-6 (03810)
* 잘못된 책은 바꾸어 드립니다.

박해수 시집

맨발로 하늘까지

온북스
onbooks

자서(自序)

1962년 〈학원〉지 "가을 낮" 시 입상,

1964년 대륜고등 재학 중 시집 『꽃의 언어』 발간,

중앙초등에서 동시 "바위"를 소년기에 시작하여 여태껏 시를 안고 오며 칠순이 눈 앞에 섰다.

1974년 제1회 한국문학 신인상 "바다에 누워"로 문단에 나온 후 시를 붙들며 현재 살고 있다.

이승의 삶이 보이고 죽음도 보인다.

대구에 살면서 시의 그늘 속에 꼭 꼭 숨어서 "맨발로 하늘까지" 가보고 싶었다.

외로울 때, 슬플 때 혈연의 죽음에서 시는 무엇일까?

목련꽃 순결, 목련꽃 블라우스를 시의 퇴비에 얹어 놓았다.

쓰고 또 써도 항상 부끄러움이 묻어나는 걸 숨길 수 없다.

순결한 마음으로 기도하며 사는 게 시보다 훨씬 낫다는 걸 생각했으나 잘못 든 버릇이 또 부질없는 한 권의 시집을 묶는다.

오래전부터 묵혀둔 시들을 끄집어 내어 먼지를 턴다.

묵언 정진하는 시의 마음, 마음이 한결 가벼워진다.

맨발로 시의 길을 가고 싶다.

맨발로 하늘까지 가보고 싶다.

시집을 엮어 주신 온북스 편집부와 축하의 글을 써 주신 국제문예 발행인 배용파 님께 두 손 모아 고마운 마음을 올린다.

이 시집은 이승을 떠나 계신 아버지, 어머니, 형 박해종, 아우 박해욱(요셉)과 곁에서 고생한 김 글라라에게 바친다.

차례

1
벚꽃 집 식당

2
맨발로 하늘까지

3
레치암, 레치암

4
먼 별들속으로

1
벚꽃 집 식당

함박눈

넓적한 너의 얼굴이다
울먹울먹 울먹이는 너의 가슴이다
훌쩍, 훌쩍 울음 우는 스무살
네 그리운 옛날의 눈물이다
얼굴 시무룩한 옛날 옛 사랑이다
장끼가 달아나는 장끼의 뒤꼬리다.
쓸쓸한 시간 쓸쓸한 장막(帳幕)
슬픈 해송(海松)의 긴 그림자다
어머니의 아픈 손가락 같은 마디다
푸른 바다의 쿨룩거리는
기침소리 같은 흰 파도, 잔 파도다
영둥 할매 늦추위 끌어당기는
영둥 할매 두 눈이다
함박눈, 네 그리운 옛사랑이
넓은 얼굴로 내리고 있다
넓은 가슴앓이
옛사랑이다

바다 우체통

안동 간고등어 등푸른 살 같다
푸른 동해 바다는
퍼렇게 질린
너와의 성교(性交)
바다 우체통에
E-mail이 불붙었다
여름이 다 가고 있었다
바다 우체통
너와 사랑의
살낀 술 한 잔
바다를 끼고 동해
동해 바다를 끼고 긴밤을
자고 간다
산문(散文)으로 쓴 여름 바다
바다 우체통에는
산문(散文)으로 쓴 여름 바다
안동 간고등어 등 푸른
살점이 묻어 있다

오이도

하늘은 오이 빛, 바다는 가지 빛
오이도, 서울 지하철,
서울, 4호선, 섬, 섬, 섬,
춘삼월 내리는 봄비, 봄비, 봄비,
휴대폰, 문자, 사연 간결체
봄비에 젖고 봄비에 울고
삶은 만연체, 삶은 장편소설,
밤차는 밤차, 밤을 먹고
밤을 사르고, 아픔의 익사,
봄날, 오이도, 오이도,
사랑의 유탄, 추억의 유탄,
푸른 바다, 푸른 별을 적시고
산과 바다, 별들은 오이 빛
오이도, 넘으며, 땅에는 바람이 살고
영혼이 살고, 희망, 평화, 사랑의 기도
오이도, 바람으로 머물며 바람으로 살며
초록빛 바다, 초록빛 별들,
초록빛 평화 속에 지고 뜨는 별,

내 피도 네 피도 초록빛 오이도
마음의 피, 정맥을 뚫고 오이도, 오이도
하늘 빛, 오이 빛, 푸른 핏줄로 푸른 노래,
푸른 사랑 안고 서 있네.

목련꽃 블라우스

한 이불 속에 누워
나란히 핀 목련꽃 블라우스
봄꽃, 몸꽃, 몸 부비며
살 부비며 일어난 꽃망울
꽃, 망울 툭 툭 터지는
봄 소리 봄 햇빛에
너와 나는 손잡고 서러워
야릇한 네 마음
네 꽃향기에 옮겨놓고
네 가슴 적시는 목련꽃 블라우스
아득한 네, 거리, 아득한 거리
봄 꽃 사랑으로 눈 비비고 일어난
이승의 욕망, 이승의 욕정
봄 꽃향기 눈 비비고 일어난 가슴
이승, 저승을 넘나들다.
부들, 부들 눈 비비고 눈 떨며
손 시린 이승의 봄날
손 시린 이승의 이른 봄날

부들, 부들 손 떨며 만지던
아직 부푼 성기(性器)같은
목련꽃 블라우스 서럽고 가엾은
이승의 백년 이불, 삶의 얼룩, 얼룩,
누덕, 누덕 기워진 이승의 죄로
바짝 바짝 달라붙은 우리들 이승의
몸 가여운 발목에 떨어진 흰 목련꽃
흰 목련꽃 한 잎 두 잎 너, 서럽고
몸 가려운 울적한 봄날에 피어나는
목련꽃 블라우스, 목련꽃 블라우스.

설악산, 설악 새처럼

설악, 설악, 흰 눈을 품고
흰 눈을 안고 흰 눈을 물고 있는 산
산이라 산이라도 깊디 깊은 산
흰 나뭇가지에 우르르, 우르르
우는 헌 산 헌 나뭇가지,
마음 붙잡아 울고 있는 설악 새
이 악물고 우는 설악 새
설악 새처럼 마음 붙잡고 마음 다잡아
그리움 파묻고 설악 새로
울고 가리라, 울고 가리라, 울지 마라
설악산 설악 새여, 물이라도
흰 눈물이라도 흰 눈이라도 설악산
설악 새처럼 그 어디쯤
눈 내리 깔고 마음 다잡아
아침놀과 저녁놀
하느님 숨결이 뛰고 또 뛰어

거침없이 달려드는 사무치는
설악산, 설악 새처럼 영혼과
영혼 영원을 트고 가는
흰 눈 설악산, 설악 새처럼

서울의 달

한가위야, 한가위야
저 달이 서울의 저 달이 콸, 콸, 콸,
한강의 목쉰 저 쿨럭, 쿨럭, 쿨럭 기침소리
달맞이꽃, 우리 집에 왜 왔냐.
우리 집에 왜 왔냐, 우리 집에 왜 와 꽃 폈나
우리 집에 왜 꽃 폈냐, 달맞이꽃.
달맞이꽃, 뻐꾹새 어디 가서 우나
한숨처럼, 그리움처럼 달라붙어서
말 술 먹고도 말처럼 휘청거리지 않더라.
바람이 네 전생(前生)을 가져갔더냐.
기제(忌祭)를 잊어버린 저 달 속에
네 종아리 종달새 울음 아, 뻣뻣해진 저 다리
가을 저녁이야, 저 달이 한가위
가위, 가위 가배, 가배 가배 떡
저 달 속에 누워 달도 햇빛도
풍덩 풍덩 빠져버린 저 서울의 달
한강의 목쉰 기침소리를
달맞이꽃은 어디서 꽃 피나

바람에 흔들리고 바람에 몸 흔들리고
서울의 달, 서울의 달은
외로움 곧추 세워 외롭게 바람으로 흔들리고
바람 맞아 서 있고 서울의 달은
없어진 판잣집에 정겹고 꾹, 꾹
눌러온 슬픔이 압침(押針)속에 박혀
서울의 달, 서울의 달 속에
콸, 콸, 콸, 콸, 한강의 물이 누워 있네

초승달

네 손톱의 빛 고을, 빛 그늘, 빛 그림자,
이열치열(以熱治熱), 몸 앓다가
초승달보다 더 붉은 마음 꺾이다.
저 대책없는 삶의 한(恨) 덩어리,
야윈 가슴 달라붙다.
촛불 같은 네 마음, 산자락에 걸려
상처보다 그리움보다 더 빨리 늙는
찢긴 네 마음, 네 마음 그리워서
초승달 만나서 길 물어 가다.

미역빛 바다

미역빛 바다가 뒤설레다
음, 음, 음, 음, 음울한 가슴
바다에 버린다 바다에 둔다
역청빛 바다 미역줄기 붙어 살던
미역빛 바다 살 속에 피 속에
가슴속에 피고 지는 바다

'너는 있고 나는 없다'

우는, 우는 우리 가을바다 역청빛
거슬려 살아온 미역빛 바다에서
해솔 빛바랜 그리움 밖에
비치는 연자방아, 가슴 내리찧는
사방팔방, 저 미역빛 바다를
저 미역빛 바다를.

수장(樹葬)

이 슬픔을 팔아서 나무에 뿌리겠다.
아무려면 어떠냐, 나무로 서서
외나무다리로 서서 네 무덤을 나무로 서서
서서 뿌리박고 눕지 말아야지.
이승에 두 손 벌려 안고 싶고
포옹하고 싶은 것 모두 두고
측백나무 아래 물푸레나무 아래서
오래 오래 서 있는 나무로
하늘 받치고 서 있는
소나무 꼭대기 아래에 서 있고 싶다.

무릎

장궤틀에 무릎 꿇고
눈 어둔 살갗 만지지 못하는
아, 어머니, 어머니
이제 먼 곳에 계셔서
우렁껍질 푸른 무릎,
무릎 푸른 멍을
푸른 멍울 네 발자국
나무기러기 한 쌍,
어머니, 성당에 오셔서
장궤틀에 무릎 꿇고
우시는 어머니, 어머니
가랑비 적시는 콧물, 빗물
지난날 삶이 서러워, 서러워
한없이 울어, 울어
아, 울먹, 울먹 울먹 기러기
무릎 꿇고 두 손 모으신 어머니
외딴 집 외딴 삶 얼룩, 얼룩,
무릎 속에 숨었네, 무릎 속에 숨었네

봄, 달

달은 자목련 속에 숨었다.
네 푸른 간고등어 등어리에
푸른 봄, 등 푸른 달은 지고
굳어버린 고등어 푸른 등뼈에
낡은 시간이 박히다.
시간이 강기슭을 헐어버린
허무한 해 저문 강가,
네 몰래 숨겨 놓은 희망과
그리움을 결별(訣別)해야 하리.
한줌씩 내다버린 허무의 꿈을,
네 어이하리, 네 어이하리야,
한줌씩 삶의 흙을 내던지며
이승의 온갖 설움을 마구 풀어서
해 저문 강가로 던진다.
죽음의 둥지가 홀로 남아 있었다.
차라리 슬픔을 남겨 두고 싶었다
차라리 그리움을 남겨두고 싶었다.
서산(西山)으로 넘어 가는 이승의 몸부림,

차마 붙잡지 못하고, 차마 건드리지 못하고
불귀(不歸)의 그리움, 불귀(不歸)의 그리움,
다시 건드리지 못하고 다시 달 속에
삶의 뼈를 바스라 놓고, 삶의 살을 부비고
하늘에서 서서 우는 작별(作別),
네 그리운 슬픈 각시꽃 눈망울, 눈물꽃 같은
각시꽃 깊은 눈동자, 달빛을 자목련속에 숨겨놓았다
봄 달을 자목련속에 숨겨 놓았네
봄 달을 자목련속에 숨겨 놓았네.

화개장터

가을벌레가 찌르르, 찌르르
찌르르 초록이 남기고 간 힘이
무너지고, 무너지고 넘어 갈 수 없는 이승과
저승 상처가 삶의 상처가
내뿜는 삶의 비명,
얼마나 더 화개의 단풍은 붉을까
화개에서 하동까지
가을날 자식들 옹기종기
화개장터 호박넝쿨,
산들에 초록빛 지고
가을 햇볕에 타고 있는 네 마음
불러들여 네 마음의 밑바닥
지우려 삶의 한 발 나무가
긴 이파리를 터트리고 있는
화개장터 바스락 바스락 새가
고단한 삶의 무게를 오르내리고.

뿔

쩌억, 쩌억 갈라지는 장작
쩌억, 쩌억, 갈라 패는 장작
얼마나 뿔난 멍에를 자르고
잘라 버렸을까, 시퍼런 시퍼런
저 어둠도 굳었네
저 허공에 굳어버린 상처와 기억
저 허공에 만상이 쩌억, 쩌억
갈라지고 아픈 상처가
모두 굳었네, 외로움도 쩌억, 쩌억,
갈라지는 소리가 나네 시퍼렇게
시퍼렇게 흘러가는 그리움도 외뿔로 솟았네.

물소뿔빛 바다

아, 저녁 물소뿔빛 바다 숨차다
안드레아 신부(神父)가 물고 있는
장미 뿌리 파이프가 적요새 입주둥아리
적요새가 물고 오는 적요한 바다
휘파람새 이마에 물장구치고
바다를 끌어안다
산을 포옹한다
아, 물소뿔빛바다가
어찌할까 통쾌하게 내뱉는
잡설(雜說), 잡설(雜說)
의 파도 저 통쾌하게
내뱉을 줄 아는
물소뿔빛 바다의 하염없음을.

벚꽃집 식당

벚꽃은 양이온인데
진눈깨비 내리는 음력 이월
음이온 밤빛 기차,
몸 없는 넋은 발자국도 없다.
벚꽃, 벚꽃집 만들었고
아, 꽃잎은 잠들었네
암벚꽃 눈 뜨고
숫벚꽃 눈 감네
마음의 반란(反亂) 벚꽃은
왜 식당앞 수돗가에 피었나
수수한 달빛, 달젖통은
음이온이다. 마음 발동(發動)하네
마음 발정(發情)하네
음이온이 편안한데
양이온 벚꽃, 봄이 발정(發情)하네
음이온이 좋기는 좋은데, 마음 발동하네
벚꽃집 식당, 벚꽃 집으로 가는 길에

가거도

가거도에 흑빛 눈물,
처녀 흑고니, 철쭉 빛 이승의
서러운 흑(黑)빛 눈물.
날쌘 제비꽃 눈물,
날쌘 제비 몸짓.
날쌘 제비꽃 눈물,
몇 방울 머리 풀어
쪽진 머리 들어 푸른 바다.
귀신도 몸 감춘 흑빛 눈물,
앙가슴 풀어 젖힌, 가거도 숨결,
푸른 바다, 온몸에 살갗
투계(鬪鷄) 흑빛 닭살 낀
삶의 그리움, 그리움의 눈물은
흑연(黑鉛), 흑연(黑鉛)의 섬이다.
말총 땋은 총총한 섬 빛의 그리움
가거도, 가거던 가거도, 가거던
가거도 부르라. 젖가슴에 가거던
가거도 부르라. 가거도, 가거던 엄니의 젖가슴

야윈 젖가슴 품고 가거도 가거도 가거라.
가거도의 몸을 만지고 싶다.
가거도의 그리움을 만지고 싶다.
가거도 흑소나무, 흑벌레를 만지고 싶다.
가거도 흑빛 눈물, 이루는 바다
처녀 흑고니, 목 빼들고 앙가슴 내놓고 섰네.
서 있는 가거도, 가거도 가거던
가거도 가거던 네 가슴을 풀어 놓게
옷고름, 물 푸른 처녀 가슴과 바다가 한덩어리네
가슴과 푸른 바다가 한덩어리네.
물 푸른 가슴과 바다가 한덩어리네
가거도, 흑빛 눈물 흑빛 가슴으로 서 있네
가거도, 흑빛 눈물 흑빛 가슴으로 서 있네

나무

나무는 겉옷을 벗어 버렸다
나무의 속옷도 벗어 버렸다.
살갗 튼 속세의 고생이 눈에 쌓였다.
야윈 젖꼭지에 수액(樹液) 흐른다
바람은 산발(散髮)한 머리를 풀고
들판으로 젖는다. 나무에 안겼다.
밥주걱, 밥주걱, 꽃을 매단
밥주걱 네 살을 저며 오는
이승의 성난 살갗들,
귀신도 떨쳐 버리지 못하고
떠나는 그리움, 생나무 타는
냄새가 난다. 생살 타는
냄새가 난다. 앙가슴 타는 삶의 뻘밭,
산이 눕는다. 들판이 눕는다.
나무는 목을 내리고 제 몸을 던졌다

마음까지 베이는 묶인 삶의 고뇌를
다시 묶는다. 나무는 속옷을 버리고
이승의 헌옷을 버리다. 헌 몸 죽으면
새 몸 나고 새 몸 나면 헌 몸 죽는다.
나무는 속옷을 버리고 이승의 헌 옷을 벗어 버리다.
혼자 목을 쳐든 삶의 나무가
살갗 베이며 천천히 고개를 내리다.

건들바람

건들 바위, 건들, 건들,
건들바람, 건들, 건들,
붕어 낚시 붕, 붕, 붕,
말 탄 놈도 끄으떡, 끄으떡
소 탄 놈도 끄덕, 끄덕
명덕(明德)에 보름달
보름달, 밝은 덕으로 살쪘다
건들 바위, 건들, 건들,
건들바람, 건들, 건들,
말 탄 놈도 끄덕 끄덕
건들바람 지나가고.

넓적부리도요새

흑싸리 쭉정이로 삐죽삐죽 터져 나온
마른 입술, 마른 꽃을 물고
어둠속에 잠기다
삐걱, 삐걱거리는 삶의 주위(周圍)
억새풀 억세게 후리치는
가혹한 채찍,
날카로운 첫 입술, 목숨을 부여안고
들녘 어디서
하늘에 울음 우는
말없이 젖는 얼굴 넓적,
넓적, 넓적부리도요새
다시는 되찾을 수 없는
잃어버린 노래
별빛 타는 네 목소리의 정령(精靈)을
이제야 물소리 속에 잠기고
삶의 발톱 숨긴 넓적부리 도요새여

파주에서

유월에 아카시아 꽃향기가 졌다.
유, 유월 밤꽃 향기가 무서리 무서리로 졌다
연천, 포천, 파주, 문산, 임진강, 한탄강,
전곡을 떠돌았다. 의정부, 문산 협궤열차
기차 버스에 몸을 구기고 앉은 육군 중위
ROTC 시절, 밤꽃 지는 밤 꽃 속으로
겨울눈은 내리고 저 꽃 지고 저 꽃 피고 나면
몸 시린 허공 GOP, 육군중위 LMAG. A4
염소똥알 검은 알약 아티반 신경안정제
누가 너의 삶의 끈을 기워주랴
누가 네 마지막 남은 삶의 흙을 덮어주랴
유월의 우묵 우묵한 이승의 막장
그 깊은 푸른 숨소리, 스물의 추억은 어디에
육십네평 싸리꽃, 싸리 삽작문.
빈 가슴에 소낙비 그치다 소낙비 내리다.
유월의 꽃향기, 붉은 네 꽃 눈물 나고
꽃잎에 꽃 눈물 머무는 꽃향기에 꽃바람으로
꽃잎 물관부를 타고 네 삶을 부비다 네 삶을 부빈다.

봄날은 가네

박하꽃 박하 냄새 맡으러 숲길 가다
밤숲 냄새, 밤꽃, 네 정액 냄새 맡으러 밤숲 가다
낮이면 산에 올라 박하꽃 냄새
삶이 얼룩진 얼굴로 백수꽃 되어
징소리, 장구소리에 마음 들뜨다
바람은 가슴 한복판을 때리고
마음 떠는 가슴에, 하루해 더디 저물고
봄볕도 서러워, 봄날은 가네.
산은 날더러 백수 되어 백수꽃 되어
삶을 맵차게 가슴에 단단하게
여물게 심어 두어라, 하고 가네
박하꽃, 박하 냄새, 밤숲 냄새, 밤꽃 네 삶에 버린 여운,
짐 부리고 앉아 삶에 짐을 허리에 붙이고 가다
등짐 지고 가는 네 삶은 항상 봄볕처럼 서러워
봄날은 더디게 가네
봄날은 떠돌이, 등짐장수로 가네
봄날은 떠돌이, 떠돌이, 등짐장수로 떠나가네

겨울눈

오목눈이, 오목눈이,
유수역에 몸 떨고
막 차는 눈썹달 섭섭달
달 싣고 한 움큼의 눈썹 싣고
눈썹달, 눈썹 속눈썹, 눈물 거두어 가네
숙명(宿命)을 넘어서지 마라
숙명(宿命)을 밟지 마라
순정은 폭포처럼
눈물은 속절없다
아, 눈, 겨울눈이
공중에 매달려 울고 있다
공중에 매달려 넋도 없이
한(限)도 없이 매달려 울고 섰는
공중에서 우는 저 눈들이
동그랗게, 동그랗게 둘러서서
몸짓을 나누며 일가(一家)를 이루었네

오목눈이, 오목눈이
유수역에 몸 떨고 몸 털고
겨울눈은 순정 폭포처럼 내리고
겨울눈은 순정 폭포처럼 내리고

지하철에서

가슴에 와 안기는 안개를 품고 죽은
기형도 젊은 시인의 시든 배추단
노란 봉투를 껴안고 노란개나리꽃으로 폈다
사람의 가슴에 안개는 도대체 뭘까
사람의 가슴에 안개는 무엇일까
고층 아파트에 잠긴 찢긴 알몸
우리들의 가슴에 안개는
안개꽃 아니면 안개꽃 봄밤의 진달래
요염한, 요염한 봄밤의 속불에 잉걸
간절한 마음은 간절한 마음은
더듬거리고, 더듬거리고
어둠을 더듬거리고 어찌 가슴에 파묻은
가슴에 파묻는 갈, 갈, 갈, 갈,
갈 따라 가는 가랑잎 가을,

이승의 나날들이 켜켜이 쌓이고
죽은 시든 배추단 가슴에, 가슴에
안개비를 품고 안개비를 안고 안개를 안고
그리움 안개로 마구 바뀌어 시든 배추단에
시든 사랑이 시든다
안개비, 안개 내리는 지하철에서

일곱시 저녁

그가 죽고 내 안의 모든 것이 죽고
소망을 파묻고 소망이 죽었다.
뻐꾸기 이제껏 소망했던
존재의 전율과 함몰, 고요와 잔혹
절망, 밤비 부서진 봄비, 밤비,
회임(懷妊) 석질(石質) 밤비
기차가 떠난 간이역, 일곱시 저녁
퍼드덕, 퍼드덕, 퍼드덕 우는 봄비는
밤비는 떠도는 가슴 풀 길 없는 뻐꾸기
뻐꾸기, 뻐꾸기는 왜 밤에 우는가.
고통과 절망, 삶, 해 넘어 가는
물드는 저녁 저 노을 도라지 빛과 같이
떠나고 마느니, 떠나고 마느니
네가 죽고 그가 죽으니 네 안의
모든 것들이 죽고 소망을 꽃 피우는
소망을 적시고 죽은 봄비, 밤비, 봄비, 밤비
봄비, 간이역에 서 있는 저 기차 일곱시 저녁
도라지 빛 노을을 껴안고 가네, 봄비에 젖고 가네.

내통(內通)

울며 겨자 먹기로
내통(內通)하는 작살나무는
문득 문득 머리만 조아리고
내통(內通)하는 죄
부끄러워 얼굴 붉히는
몸 붉히네, 돌아가면
에두르고 뚫고 녹이고
스며들면서 울궈 먹고 작살내면서
작살나무는 울며 겨자 먹기로 서 있지
비바람 잠재우고 마음 빚
내통(內通)으로 갚고
가슴속 속, 속들이 물든
꽃씨 묻고 내통(內通)하는 네 가슴
평생 사연 가슴에 찍어
내통(內通)하는 서로들 가슴 속에
산자락 강 자락 마음에 파묻는다
내통(內通)하는 귓속말 강 자락 산자락
내통(內通)하는 작살나무로 섰다

봄비

제 글썽, 글썽거리는
저 글썽, 글썽거리는 봄비를
고요히 입 다물고
되새김 하는 맵시를
네 눈에 젖은 목련꽃,
그늘에 젖고 있는
삶의 절창(絶唱)
겹, 겹, 떨어지는 상처의 부스러기
이 몸, 저 몸, 몸 눕힐 길 없는

'이 강산 낙화유수(落花流水)'

이 몸 네 몸 눕힐 길 없는
누울 자유마저 잃었으니
커지는 삶의 목마름, 봄비로
웅성, 웅성, 웅성거리고 있으니
봄비는 죽어도 왜 다시 내리고 있는지

네 등뼈가 가려운 고통의 길 어귀
고통의 어깨, 고통의 가려운
저 글썽, 글썽거리는
하염없이 내리고 젖는
네 몸의 봄비를

삼강 나루터

바람이 삼강에 오니 물이 되었네.
바람 꽃잎으로 떠나갔구나.
천년 불 사랑으로 불 지피던
물레방아 뒷간에 맺은 사랑
저 봐라, 먼, 먼 옛날 달뿌리풀
허, 허, 허, 시간이 무너지고
바람이 쓰다듬고 간 이승의 길목
울컥 울컥 울컥거리는 낙동강 뒷허리
강물은 푸른 골, 山門에 들 것이다
천둥산, 봉정사 천둥벌거숭이
천둥산, 장가 가네 이승의 겹겹 빛
길품 파는 나그네, 꽃철 지난 눈밭 길
눈부처, 물길 산길 편안하신지
강섶에 걸터앉은 옛집
앞산 무릉 유원지 물닭개비, 달뿌리풀
산엉덩이 꽃철 물레방아 뒤켠에
저지른 연사(戀事), 그믐달은 눈물 훔치고
꽃치자 향기에 눈물 가렸네. 별들 총, 총,

가슴 저미는 그리움 아쉬움 아픔
거두고 간 벼락 맞은 사랑은 뼈마디
그림자만 살고 정 때문에 왠지
버릴 수 없는 강섶 수염가래꽃
묵혀둔 사랑 사랑을 품은 삼강 나루터
생로병사, 오욕칠정 거두어 간 그 강길
강섶에 헛것 속 헛것에 푸른 기슭을
떠도는 이승의 것 이승 닮아 저무네.

2
맨발로 하늘까지

달은

맨살, 맨몸, 맨다리
맨 가슴,
너덜 너덜한 네 그리움
헌옷 입고 새옷 그리워 하니
산뜻한 새 마음, 마음 졸이네
달은 어두우니
헌옷 입고 몸 바꾸다
헌잎 지면 새잎 난다
미친 달 젖통에 바람이 부니
미친 달 젖통 속에
네 마음 밀어 넣어
달무리, 달 그림자 달래다
너의 맨살이 저 속에
달거리를 하고 있으므로
너의 맨살이 알몸으로
그리워 울고 있으므로
너의 맨살이 알몸으로
외로워 울고 있으므로

맨발로 하늘까지

새벽 5시 30분 수성 못 맨발로 걸으며
울음나무 곁으로 간다.
툭, 툭 얼룩지는 삶의 그늘이 발톱긴풀로
그늘진 물그림자를
꽁꽁 묶고 있다. 북새통 반세기, 시를 껴안고 울었으나
울음나무가 되지 못했다. 종(鐘)을 치고 싶었다.
젖어서 마음 젖은 맨발로 하늘까지 가면 된다.
허기(虛氣)진 허기(虛氣)는 어디까지 가나
수성 못 맨발에
별들이 개밥바리 별들이 맨발로 걸어가고 있다.
네 몸은 네 맨발은 어디로 가나 맨발의 유언(遺言),
맨발로 하늘까지 가면 된다 맨발로 하늘까지 가면 된다.

겨울바다

바다는 겨울에 수선화(水仙花)가 되었다
그대는 차디 찬 흰꽃, 흰바다가 되었으므로
지금 바다는 꺾여져 있음으로
지금 사랑을 꺾지 않으면 안 된다
가득, 가득, 가두어진 흰 바다, 흰 꽃이
이승에서 추워 떨고 있으므로
바다는 겨울에 검은머리흰물새떼가 되었다
바다여,
나를 엎드려 복지부동(伏地不動)으로
조용히 울고 있으므로,
조용히 울고 있었으므로,
괴로움인가, 고통인가
밀물인가, 썰물인가
바다는 겨울에 장발(長髮)로 운다
물푸레나무가 물푸레나무로 앉아서
바다가 되었다. 아프게 울지 마라
바다여, 네 바다 뼈 속에
홍건히 젖은 네 사랑이 살고 있으므로

네 사랑의 뼈 속에 바다가 운다
네 사랑의 뼈 속에 수선화가 핀다
바다의 뼈 속에 수선화가 살고 있었네
바다의 뼈 속에 수선화가 살고 있었네

미시령

나무의 상처가
나무는 성자(聖者)다
사랑은 어둡고
어두운 남루한 너를
쪽빛 바다를 벗어 내리는 굴형
어헝, 어헝, 한계령, 진부령
대관령, 너의 화두(話頭)를 던진다.
첫사랑을 미련 없이 던진다.
사랑 그래 이제 너를 잊을 수 있지만
그리움을 미시령에 던져두고 간다
헌옷을 벗어 나뭇가지에 걸어둔다.
나무의 상처가 나무의 어두운 상처가
미시령에 눈부신 눈빛으로 빛나고
네 몸은 어두운 산을 뒤에 두고
산은 몸을 뒤치락거리고
뜨거워진 삶의 가슴을,
나무 상처 위에 걸어 둔다.
미시령의 밤바람이 밤바다
밤 파도소리 같기만 하네.

아버지

겨울 응혈,
흰눈이,
영천 만불사, 납골당에 내렸다
버릴 것 다 버려 두고
빈 것으로 다가왔던가
마흔 아홉, 다 넘기지 못하고
빈 들판, 거뭇, 거뭇
생채기 하 많던 삶이었기에
지상의 것들,
겨울 응혈로 홍건하니
순간 겨울 동백꽃이 붉게 폈다
겨울 동백꽃 같은 등불이 그리워,
응혈로 된 흰눈이 내린다.

하회(河回), 하회(河回)에서

유배 가는 길 아니어도
이승의 유배길 아니어도 이승의 끝자락
느리게, 느리게 돌고 울음, 상처, 늘 푸르네
울음 상처, 울음 주머니 달고 더욱 푸른
늘 푸른 얼음 더욱 푸르게 붉은 달
붉은 배롱나무 더욱 아프고 붉고
쉬 놓아버리고 돌고 돌아 나간
쉬 놓아버리고 돌고 돌아 갈
구비 구비 삶은 앓는 경(經) 속
삶을 구기고 구겨 구겨 河回에서
河回에서 돌게 하고 하회 탈
늙은 여자 늙은 남자 흙속에 파묻고
툭, 툭, 툭, 떨어지는 모과 잎
다 잊고 가야지 다 잊고 가야지
모과 나뭇잎 지는 河回, 河回에서
병산서원 가는 길 가파른 삶의 병풍이
툭, 툭, 툭, 툭, 소리를 낸다.

다 잊고 갈 걸, 쉬 다 놓아버리는
쥐었다, 폈다 쥐었다, 폈다
河回, 河回에서 네 삶이 돌고 돌아서
나가는 길, 이승의 짐을 풀다

물총새

물 빨아 먹고 강물 빨아 먹고
물 먹고 물 빨아 먹고 입 긴 물총새
삐죽, 삐죽 울고 싶을 때
입 긴 입 삐죽, 삐죽, 헌 구름 찍고
제 가슴 찍고 눈물 찍고 가슴 찍어
물 쫓는 물총새, 사랑 눈 멀어
사랑 눈 뜬 채 사랑, 사랑, 사랑,
사랑 눈 멀고 눈 먼 강
눈 먼 적막을 쫓고 있네, 물총새,
강물 적신 네 강물, 네 입 맞추는
네 입 긴 물총새여,
흐린 구름 네 흐린 마음 찍고 가나
눈물 찍고, 네 눈물 떨구는 네 눈물
홀린 물총새, 눈 흘긴 물총새
눈물 적신 물총새여, 강물 빨아먹고
입이 긴 물총새, 물 찍어 우는 물총새

작약 꽃

칸, 칸, 달 모양, 달, 달빛 저물고
여럿 달린 기차는 칸, 칸, 칸,
칸에 화살기도, 해 저무는 바다
해 저무는 저 산, 네 느린 상처
느린, 느린, 느린, 그림으로
내려가는 기차, 잠이 아프다
눈 감으면 네가 아프다.
누가 꺼놓았나, 네 삶의 시동(始動)을
꽃잎, 작약 꽃 아프다
네 꽃잎, 네 삶의 작약 꽃이 아프다

나무는 성자(聖者)다

나무는 성자(聖者)다
이제 죽음으로 돌아가는 나무들도
제각기 푸른 몸을 누일 것이다.
초록이 조금씩 잔 가지의 몸을 뒤척이고
조금씩 푸른 생명의 기운도
쾌락의 번영도 물관부를 타고
마지막 몸을 데울 것이다
육신과 영혼의 원죄를 떼놓고
가늘게 훌쩍이며 몸 올리는
목숨의 수액(樹液)도 살을 에이는
눈물을 아픔을 물을 것이니
살아서 죽고, 죽어서 다시 사는
새 잎 나면 헌 잎 죽고 헌 잎 나면
새 잎 죽는 그 아늑한 아득한
하늘과 땅 지평선에 몸을 뉘이는
지축(地軸)위에 한 움큼
벗어놓은 이승의 옷들,
잎, 잎, 잎, 잎, 잎에 잎, 잎에 쌓여

이승의 잔 걱정을 부스러기 잎으로 던지고
저승을 가고 다시 사는 초록 잎들을
초록 잎을 틔우는 물관부의 푸른 물의 영혼
다시 돌아오는, 이승의 키 큰 나무들이
다시 바람 속에 서서 우는
바람에 서서 우는 나무는 성자(聖者)다

강원도 정선선

강원도 정선군 정선선, 증산, 구절리
정선군, 정선선 터널

'별어곡' 눈물 걷혔으니
이별도 아쉬워라 마음 평평

선평, 정선읍 내린 달빛
눈물 달빛 나전 '나 전할 말'
사람 몸에 붙어 있는 넋
몸 털고, 털고 앉았으니
여랑하게 여일하게
매달려 있는 삶의 이정표(里程標)
누가 저 지층(地層)을,
뚫고 있나, 골짝 물소리 깊으니
구절, 구절, 구절리역
누가 저 지층(地層)을 뚫고 나오나
마음속을 뚫고 흐르는 마음
강원도 정선선에 헤맨다.

삼학도

망망대해(茫茫大海), 망망대해(茫茫大海)
그리움을 삼키고, 외로움을 삼키고
눈물을 삼키고 무사(武士)는
어디 가 섬을 쏘았는가, 산을 쏘았는가,
바다를 쏘았는가, 이승과 저승을 겨누고
지령음(地靈音), 지령음(地靈音)
구슬피 산을 울리고
바다를 울리고 달을 울리고 별을 울리고
세 마리 학(鶴), 이승과 저승을 넘나드는
그리움은, 이별은 세 마리 학으로 날아
섬이 되었다. 그리움이 되었다
이별이 되었다 눈물이 되었다.
죽도록 그리우면 삼학도 별이 되어라
죽도록 외로우면 목포의 눈물이 되어라
배롱나무 상사화에 다산목, 여인목 되어라
망망대해, 망망대해 강강수월래, 강강수월래
희노애락을 물고 가라 삼학이여, 삼학도여

겨울 눈

흰 갈기털 흩날리며
허공은 허공이었기에
네 몸이 난리네
꽉 다문 채 삶이 날리네.
명사산 네 마음 따라
설편 송편 같애
설편 흰 갈기털 흩날리네
마음아, 마음아,
네 몸을 짓밟아라
마음이 난리니
네 몸이 난리네
누가 네 마음의
지층(地層)을 흔드네

가을 표의(表意) 문자를

어둠 속, 가을은 표의(表意)문자로 내려 앉는다
어둠이 밝음을 부수고 가을은
삶의 끝의 표의(表意)
표의(表意)의 옷을
나무의 표피(表皮)를 벗긴다
빈 바람, 빈 가지를 휘어치는
살 시린 표피
비구니 앳된 머리에
가을은 문득 표의(表意)문자로 지고 있다
빈 하늘 문득, 문득, 푸드득, 푸드득,
삶을 운명으로 지고 가는
가을의 허물은 표피를
운명대로 사라진다는 표의(表意)문자를
매만지는 일이다 이 가을의 언저리
네 몫이라 비워 둔 상락아정(常樂我淨)의
끝도 없고 시작도 없는 표의(表意)문자를
밝음과 어둠, 맑음과 흐림의
공간(空間)속에 피고 지는
이 가을 표의(表意) 문자를

유달산

흙의 힘 펴져 돌이 되고
돌의 힘 눌러 바다가 되고
바다의 힘 펴져 기암괴석
바다 향기 번져 무안반도 용솟음
성은 유씨요 이름은 달산 유달산
제멋대로 펴져 엉덩이를 눌러 앉아
핏덩어리 목숨덩어리 한의 덩어리
바위덩어리 모여 앉아 기암괴석
호남의 금강을, 호남의 금강산이네
삼학, 학들이 모여 입 맞추고 간 포구
영산강, 영산호 껴안고 화산 연꽃 방죽 품고 서있네
서남해안 허리에 끼고 앉아
세발낙지, 꽃게살 몸 만지고 있네
해넘이에 와서 해 맞고 간 긴 밤 지샌 꿈
유달산 중허리 파도소리에
목포진 목포의 눈물 떨구고
눈물 엉긴 기암괴석 큰 바위 봉우리 큰 바위 얼굴
노적봉 군량미이었던가 바다와 돌과 불의 사랑

파도와 물결과 눈물의 사랑, 사랑의 폭포여
어머니 젖꼭지, 배꼽, 젖무덤 목숨 껴안고
파도 소리네, 파도 소리네, 바다 파도소리에 잠 깬 유달산
바다 냄새, 유달산 노적봉이 사네, 보름달이 사네.
눈물 깔고 앉은 목포의 눈물이 사네, 유달산이 사네

가을 타는 가을 강

드문, 드문 던져진 가을 노 젓 가리
드문, 드문 울음이 타서
해, 넘이 짧은 여우 해 꼬리
아슴, 아슴, 비낀 가을산
슬픔도 흐르면 진한 허망
건들, 건들, 건들 바위
가슴 비우고 가는 수평선 끝
달밤, 달빛 깊어서
눈물이 산 될 때까지
그리움 달 될 때까지
서서 우는 먼 산녘
바라보고 바라보다 지친
무거운 그림자 산 그림자
가을 타는 가을 강
강 그림자 산 그림자
산, 허리에 걸리고
언뜻 언뜻 지우고 가는 바람

빛바랜 소리의 흐느낌,
삶의 얼룩, 얼룩, 얼룩
흐늘어진 대 싸리 빛 외딴 가슴,
푸드득 푸드득 능선 타고
달아나 우는 산꿩 빛, 남은 얼룩 소리
삶은 눈물 깊어, 삶은 눈물 깊어
울먹, 울먹, 울먹이며 먼 고갯길
가을 타는 가을 강 먼 고갯길 간다.

태백선

늦가을, 태백에 가면
검은 눈꽃, 햇빛이 모여 숨었다.
아, 찔레, 찔레같은 아찔한 만남
늦가을 태백선 탄광촌
노승처럼 얼어붙은 주목
금강역사상(金剛力士像), 꿈쩍 않네
하염없이 울고 앉은 늦가을, 태백선
너는 어디쯤 가고 있나
바람 속에 언뜻 언뜻
보이는 삶의 뜨거운 덩어리
화끈 화끈거리는 먼 사랑,
누가 함백산, 태백산, 연화봉에
늦가을 가을걷이 불을 질러 놓았나
네 가슴에 뜨거운 불을 질러 놓았나

반가사유상(半跏思惟像)

나도송이풀을 물고 있었다.
나도송이풀 가지도 슬픔을 물고 있었다.
삶을 다지고 다져 놓은
반가사유상, 한철만 입 다물어라.
한철만 살다, 한철만 짧아지는 사유(思惟)
네 몸은 반가사유상, 그리움에 죽어
네 마음의 분통을 깔고 앉아
미소 짓고 있는 반가사유상(半跏思惟像).

막걸리

어디서 눈물 찍어
어디서 한탄 찍어
멀찌기 사람 소리 소리 이울고
네 입술, 내 입술,
한가로이 적시는 네 정겨운
눈짓이 모여 그리움처럼 옮아 오는
네 텁텁한 맛,
슬픈 여정(旅程), 만나 숨겼던
얘기 털어 놓고 저만치
달아났던 시간들, 뒤로
맵고도 찬 아픔이 모여
상처보다 눈물이 더 진한
왕소금 눈물로 찍어
삶을 나누면 황소뿔빛 노을
저무는 가 없는 길,
네 사랑, 네 그리움, 네 외로움,
네 작별, 네 죽음, 네 사랑, 네 이웃
네 모든 일까지 모두 다 녹여 마시는 막걸리

누가 막걸리에 헌 삶을 걸어 놓았나
이 무렵쯤 떠나고 말아야지
새 삶을 만나러 가는 길목에
막걸리, 눈물 찍어 네 마시다.

간이역 코스모스

북천에 가면
북천에 가면
북천 석탄 연기
북천 석탄 냄새
석탄 연기 따라 울던
석탄역 연기 냄새
물빛 코스모스
은빛 코스모스
허리 휘어진 간이역 코스모스
북천에 가면
북천에 가면
북천 녹슬은 강따라
아직도 쿵, 쿵, 쿵,
덜커덩, 덜커덩
마음 우르르, 우르르
우레, 우레 마음만
울리고 섰는 북천
북천 간이역 코스모스.

달풀

네 축축한 이 밤을 네 몸부림으로
몸 트네, 몸 트네, 달거리, 달거리
보름달, 보름달, 그믐달, 그믐달,
달거리, 초승달, 초승달,
쪽배 타고 쪽배 타고
네 강을 타고 가네,
네 강을 건너가네,
달풀 뒤덮네, 달풀 뒷동네,
개불알꽃, 오줌풀,
며느리밑씻개풀,
눈앞에 떴네, 눈앞에 눈 뜨네
달풀 뒤에 오는 봄비,
네 가슴의 갈비뼈가
여기 저기 모여 네 축축한
이 밤, 달거리 하는 달풀,
네 마음으로 꽃 폈네,
달풀, 몸 트네, 달풀 다리 뻗네,
달풀꽃 몸 폈네, 달풀꽃 몸 폈네.

가을밤

나무로 깎고 다듬어
나무살 도는 나무향기 나는
부처님 엄지손가락 날아갔다.
겨울은 낙엽을 깔고 앉아 다녀왔다.
무심코 군에 간 둘째 아들 생각
지금은 보초(步哨)서고 있겠지.
문득 그리움 팽이로 돌고 섰다.
네 몸에는 지치도록
보름달이 가슴 가득 박혔으나
아무도 울지 않는 가을밤은 깊었다.

처서(處暑)

잔바람 새끼바람, 새끼바람으로 모여 앉아
큰 바람, 서낭당 아래 몸살 난 얼굴
가을은, 가을 들풀은 바람 난 몸살에 시달려
가을 들풀에 몸 싸여 몸 싸여서
오래 묵은 마음을 푼다. 장터 묵집
소머리국밥집, 지나는 바람은
몸이 자주 여위어 가슴 친다
들풀 몸 뿌리 잔 기침 한다
오래된 가슴에 요동치는, 해묵은 사연들
멍든 가슴까지 치고 나와 바람에 흔들린다

하동포구 가는 길

매화꽃 흐드러지다
부엉이는 부엉이 곳간에 살고
은어와 재첩, 매화꽃, 청매실은
강바람 을씨년스러운 섬진강가에 살다.
서편제 소리꾼들은 소리를 모아
등짐 지고 길 떠났다.
소리꾼들의 소리가 바람을 타고
하동포구 팔십리 길을 매화꽃으로 날리다
섬진강은 섬진강의 눈물이었던가
영산강은 영산강 눈꽃, 눈물을 흘리네
흰꽃 눈물은 흰꽃의 가슴앓이에 젖네
초록빛 잎인 초록잎 열매,
희디 흰 강 모래밭에 서걱이다.
희디 흰 강모래밭에 붐비다.
삶의 얼룩처럼 몰려오는 흰머리물떼새
바닷모래, 소금기 목 두르고 소머리
둘러 목을 빼고 일어서는 두우산
삼태기 모양, 모양 두른 지리산

무딤이, 무딤이 눈물나는 네 마음속의
악양 소리빛 바다, 소리꾼들이 이룬 눈물바다다.
소리꾼들이 일구어 내는 하동포구 물빛이다.
소리꾼들이 챙겨 놓은 한(限)의 눈물바다다.

팔공산

산에 홀린, 산이 흘린 한 두 방울 눈물을 본다.
산이 울며 흘린 눈물 젖은 금강경소리를,
죽비를 맞고도 배냇적삼 끌어 안고 우는 지귀(志鬼)야
밤바다까지 끌고 가 해수관음보살상 잔 물결,
선 잠을 깨운다 허공에 마음을 데운다
허공에 머리칼 하나, 산에 달을 먹고
산이 달, 하나 먹고 강에 달, 하나 먹고
가슴을 데운 눈물방울 산에 눈물방울,
라트라타, 라트라타 수태골 별빛을 안고
서역 삼만리, 동역 삼만리, 죽비 맞고 번쩍, 번쩍
먼 허공의 눈빛, 울음나무 곁으로 오동나무 곁으로
첫사랑, 치자꽃 빛 법당 앞
동화사 오동나무 치자꽃 빛 홀연히
산이 흘린 독경소리, 금강경 소리를
눈물 젖은 팔공산 단풍 빛 저무는
화마(火魔), 불빛 이 밤 어이 달랠까

네 이승의 그림자를 태우는
팔공산 산자락, 산자락 선잠 깨우는
한 두 방울 눈물 노을빛을 달빛이 닦는다
산에 흘린 눈물 닦는다.

순천만에

십일월 저무는 순천만에
밤 열한시
미치겠다 이 가을 억새밭.
거차마을, 노을 학섬
초승달 꺾인 순천만에
학섬 숨이 차다 순천만에
예순 사내들, 남쪽 산, 하나 껴안고
달, 하나 별 하나 하나씩 껴안고
순천만 갈대로 하나씩 흔들리며
우는 찰나, 찰나, 찰나,
겁(怯) 겁(怯) 겁(怯) 겁을 내며
순천만에 섰다.

3
레치암, 레치암

전곡리에서

후두둑, 후두둑, 바다에 지는 꽃
저 탈속(脫俗)의 몸부림
꽃 봐라, 꽃 봐라,
연꽃 바다 몸져 내린
지노귀 굿판
가슴 깎는 물소리
바다, 새, 소리
전곡리 돌 가슴 쪼개는
부싯돌, 전곡리 한탄강
첫 딸의 눈물 빛 같은 바다
바람에 휘날리는 꽃잎 눈물
꽃잎 연꽃잎 같은
일편단심(一片丹心), 일편단심(一片丹心)
건듯, 건듯 해송, 해송, 솔바람 소리
후두둑, 후두둑, 후두둑 이는
잠시 연꽃 만나러 가는 바람소리 같이
잠시 연꽃 바다 같은 한탄의 바다,
강은 한탄의 입을 닫고 침묵의 강

전곡리의 강을 덮고
삶의 임종, 더러는 저 한탄, 한탄
한탄의 강에 부는 삶의 부화(孵化)
강의 부화(孵化), 한탄강의 입부리 긴 물떼새
물떼새, 입부리 긴 물떼새의 날갯짓
전곡리의 가슴 저 탈속(脫俗)의 몸부림
가슴 깎는 물소리 저 산을 안고 넘어간다

소

물 먹은 소
물 먹은 소 눈망울 속에
물 먹은 별이 뭇별로 떴다.
저녁 놀 속으로
물 먹은 별 속으로
외할머니 얼굴이 지나갔다.
서로 저승과 이승에서
전생과 이승이 다른 삶을
이승과 전생, 윤회가
물복숭아, 물 도화빛같이
저 물먹은 소 안에
깃들어 살고 있으니
황급히 떠나지 마라.
황급히 나쁘게 살지 마라.

첨성대

푸른 별들을 끌어 모아 쌓아 두었네.
별들이 제 몸 하나, 하나 모아
별들이 첨성대를 쌓았네.
물고기좌, 물고기 별들이 몸을 튼
푸른 바다, 감포 바닷가
무열왕 쉬었다 가네
푸른 별들 모여 앉아 반창회를 하네.
푸른 별들 모여 앉아
정담을 나누네, 별들아 자지 마라.
수천 년 무릎 꿇고 앉아 있네.
묵언, 묵언, 묵언정진, 묵언 정진 바람소리
푸른 별들만 모여 앉아 혼을 달래네.
혼을 쌓네, 가슴을 달래네.
천년 혼을 쌓네, 붉은 별, 붉은 수수밭사이로
붉은 적멸을 쌓아 두었네,
이승은 짧아라, 이승은 짧아라,
번뇌 뿐, 번뇌 뿐, 번뇌 뿐이라네.

적요새

적적(寂寂)하여 적적(寂寂)하면
비극의 언덕을 날개로 퍼득이다가
진눈깨비의 진눈을 망설이며
집요한 적적의 적적새처럼
몸 틀고 안아 물방울같은
적요를 끌어안고 끌어 앉아
미역 잎 따는 미역 빛
바다를 끌어안고 우는
네 피의 서늘함 서느러운 꿈을
붙들고 네 피의 고독을
네 피의 서늘함을
마지막 삶의 잎사귀에 매달려
적요하게 울고 가는
저 사랑의 파편들을
저 사랑의 찢어진 적요함을,
한 잎, 두 잎, 생명으로 물고 앉은
네 피의 적요, 적요새의 어둠을 몰고 오는
오늘 밤 결별하고 우는 너는 어디로 가는가

바람이 적적하고 적적하여 목쉰 소리로
울고 헤매는 저 바람 소리
푸르른 생명의 몸들을
헤매는 저 바람소리의 푸르른 몸들을,
적요는 적요로 적요새로 울고 간다

봄날 가면

첫눈, 우리를 떠나갔듯이
겨울 해 꼴깍, 꼴깍 기침하며
저 산을 저 바다를 넘어 갔네
해 떨어지는 다시 오는 봄날도
환한 꽃, 환한 꽃 이파리 덧없이
환한 봄날만, 짧은 봄날만 다그치네
봄날은 보름달로 말갛게 얼굴 눈 뜨고
첫눈이 우리를 하염없이 떠나갔듯이
환한 눈물, 몸이 허전한 가슴
뒤늦은 봄날 봄꽃 사랑에
온몸 젖어 울고 봄날 가면
몸 가려워, 아하, 하고 늙은 입
오므리지 못한 저 꽃들의 몸부림
아득한 봄, 흘러나오면 아득하던
봄날 가면 가슴 아늑하리라
봄날 가면, 봄날 가면

빈집

이별의 종을 치러 오는가.
만남의 종을 치러 오는가.
삶의 종을 치러 왔는가.
해안가 철책 밖으로
빈집 갈매기만 오가네.
이별의 종을 물고 가는
저 갈매기, 갈매기떼들
서럽게 우지 마라
서럽게 살지 마라.
가슴만 치고 가네, 가슴만 치고 우네. 빈집
바닷가 갈매기 눈빛에 봄이 오면.

만리포

서쪽으로 기우는
서쪽으로만 자꾸 기우는
바다의 비늘, 바다의 추를 바다의 촉
푸른 바다의 어깨가 자꾸 기울어지고
여름을 앓는 여름 만리포
사람의 파도, 굽이치는 파도
서쪽으로만 자꾸 기우는 서해반도
파도의 아랫도리는
억새풀빛 깔린 산 같다.
밤 바다는 한 마리의 검은 짐승이었다
밤마다 엉, 엉, 엉, 울음을 토해내는
검은 짐승이었다. 엉, 엉, 엉, 울음을
자꾸 토해내는 한 마리의 검은
짐승이었다. 파도를 보며, 파도를 보며
서쪽으로 가는 저승 가는 길 끝,
다시 돌아오는 이승의 길목,
삶의 뿌리로 다가오는 만리포
물소뿔빛, 노을을 서쪽으로 기우는

바다 비늘, 바다 파도.
양파 촉눈 트는 촉눈 트는
생명의 핵(核)같이,
생명의 핵(核)같이,
만리포, 이승의 끝이랴 싶다.

하얀 달

인도의 달빛, 차강 사르,
차강, 사르, 음력 1월 1일
차강, 사르, 차강, 사르,
누가 바람인가, 누가 달인가,
누가 별인가, 비인 하늘
돌아 나오고 돌아 나가는
비와 바람
구름이 나무를 덮고
구름이 바람을 안고
산과 나무 평원을 덮고 있으니
이제 눈물 젖은 허공에
떠 있는 하얀 눈물,
하얀 가슴 뜯어 먹고 사는
달맞이꽃, 하얀 달,
달맞이꽃, 하얀 달,
차강 사르, 차강 사르,
흰 사라, 흰 사라,
가슴 불룩한 하얀 달,

하얀 달빛
산의 이마 덮고 있네.
입 꽉 다문 그믐달
입 벌려 헤픈 초승달
가슴에 차오르는 하얀 달,
네 가슴 네, 사랑, 네 가슴 새 사랑,
새 사랑 새 옷 입네,
들짐승, 허공에 비친 하얀 달,
천둥과 비, 바람, 한겨울, 설한풍을 뚫고
바람 부는 벌판, 바람 부는 들판에 선
차강, 사르 인도의 하얀 달, 하얀 달빛.

맨발

염전(鹽田) 밭 같은 속세
붉은 소금 불에 타는 하얀 속살
맨발로 짓이겨진
붉은 동백, 동백 등허리에 피는
붉은 꽃, 네 혼불이네
붉은 꽃불이네 붉은 눈물이네
맨발, 맨 들판 가는
몸 비운 지아비의 바다
바다 한 움큼 손아귀에 쥐고
따라 울던 바다, 바다, 바다,
몸 비운 지아비의 바다 맨발, 맨살
아픈 살꽃, 절로, 절로 제절로 맺힌
산, 산 소금 바다 소금 서로 몸 붙어
산도 저 산도 붉은 꽃불이네
바다 바다도 푸른 꽃불이네

저 산도 바다도 맨발로 속에 붙는 불
천불 끄고 가득 가득 아주 먼
만 불이네 천 불이네 네 맨발로 목숨,
숨결 생알, 생알, 생얼거리네
아주 가득, 가득, 숨은 꽃불 피네
목숨, 숨결 생알, 생알, 생얼거리네
맨발로 트는 삶 맨발로 트는 삶
가득, 가득, 아주, 아주
생알거리네 생얼거리네
맨발로 가는 이승의 외론 저 길을.

수성 못

— 미스사키린따로(水崎林太郎)

벚꽃으로 떨어져 누워, 떨어져 누운
미스사키린따로, 대구 수성못
미스사키린따로, 네 마음 꺼내어
수성 못과 바꾸고 네 마음 살아
다시 꺼내어 수성 못 사랑으로 흘러간다

물 옥잠화, 창포, 버들꽃, 맥문동
순정은 가뭄과 홍수 이겨내고
스물의 첫 사랑에 날 저무는 물빛 노을
겨울 매화, 눈물 꽃망울 같은
눈물 빛, 눈물 같은 수성 못 빛 야산
하얀 목련 꽃같은 그리움에 몸 젖은
이승과 저승의 꽃불이 꽃 불 꽃

수성 못 분수대에 밤 꽃 불, 꽃불놀이
미스사키린따로, 삶, 눈물, 꽃 기쁨 향기
하얀 목련꽃, 만남과 벚꽃으로 피고 지는
1939년 내 죽으면 내 몸의 유해(遺骸)는

"수성 못 야산에 눕혀 달라"

일본 기후 출신, 기후 시,
대구시 수성 못 오리
한우리 한 둥지가 되었네,

수성 못 야산 창공을 저으며 하늘을 저으며
물총새, 물오리, 학이 되어
호수를 저으며 가는
미스사키린따로,
벚꽃 길, 수성 못 푸른 솔향기에 젖는다.

* 미스사키린따로 : 일본 기후 출신, 수성못을 축조한 사람

노적봉

봉우리, 봉우리
이영, 이영, 이영으로 쌓였네.
강강술래, 강강술래,
영산강 횟가루
울돌목, 쇠줄,
침착하게 태산으로 기운 달
만월(彎月), 만월(滿月)
노적봉 군량미, 가벼이 움직이지 마라
임진왜란 노적봉은 무거운 전지(戰地)
유달산 왼쪽 큰 바위 봉우리
영산강 횟가루를 마시다
울돌목 쇠줄을 당겨 매다.
강강술래, 강강술래,
보름달 노 저어
바다를 껴안고 가네.
목포진 껴안고 사네.

여우오줌풀

여우가 급히 가다 저린 오줌줄기
여리다 가늘다 여우는 여우비 속에 숨고
여우비 섞어 눈 흘기는 여우오줌풀
꽃은 오줌 머금은 눈물 머금은 눈물꽃
저린 오줌 꽃, 찰나의 빛
찰나의 깨달음 여우오줌풀
꽃, 줄기 잎, 여우 눈트는 촉빛
여우여, 네 사랑, 네 눈 빛깔
어디다 감추고 여린 빛으로
눈물 빛 같은 여우오줌풀
여우오줌풀, 여우여, 여우여
여우야, 여우야 여우오줌풀.

원두막

삶을 바람이 모두 헤집어 놓았다
부서지고 무너진 성터에서 하늘을 깔아놓은
바람의 여울목, 삶의 나래죽지가 허드러졌다
삶은 네 뜻을 이어받지 못하였으나
가식(假飾) 교태(嬌態)를 버린 타는 네 마음,
한굽이 두굽이 맑은 강, 별, 달, 헐벗은 나무를 보고
낮달이 산 길목에 걸려 넘어가는 삶의 살풀이
마을은 위, 아래 정적(靜寂)속에 숨었고
한 삶이 저물고 사무치는 놋쇠 달빛 속
강물에 숨었고 문득 바람이 몰고 온 풀벌레 소리,
돌아올 길 없는 먼 산 먼 길을 맨 몸으로
미움도 더러움도 모두 벗겨놓고
물소리 모두 모아 안고 앞산 뒷산
낙일(落日)에 마음 모두 흙에 묻는다.
설움과 참혹함 쉽게 풀어버린 원두막
그리움을 모아 모아 풀어버린 원두막
달빛바람 어처구니 없이 새어 나가다,
달빛바람 어처구니 없이 새어 나가다.

서산마애석불

웃음, 연꽃 돌 속에 새겨져
찰나, 겁, 짧은 순간 만월
샛노란 네 얼굴,
사람들도 착하다 웃는가.
돌로 태어나
천년을 이고 서 있으니
울지 마라, 사랑하고 있으니
웃음도 주름도 세속의 것
돌 속에 감추어 두었다.
두 눈 속에 두 손 속에
감추어둔 네 생애와 업보가
짧았다, 짧았다 웃으며 돌아서는
이승의 사람으로 이승의 사람 안으로
불쑥, 불쑥, 들어와 차고 앉아 있으니
서산에 지는 달, 서산에 지는 해
서방정토(西方淨土), 서방정토(西方淨土)
너는 붉은 웃음으로 가고 있으니
너는 푸른 웃음 짓고 가고 있으랴.

무의도

무소유, 무의도에 가면
옷도 입지 않고 벗지 않는다.
누룩속, 누룩술이 되기 위하여
파란 곰팡이, 파란 곰팡이꽃
파란 곰팡이꽃
술은 푸르고 붉다.
마음은 씻지 않아도 푸르니
술과 한 통속이다
마음 없으면 술이네
살아 살아 네가 살아
죽어 죽어 네가 죽어
살아 살아 네가 무엇하랴
죽어 죽어 네가 무엇하랴
해 지는 무의도, 기러기떼
기러기떼, 허공 짓는
갈 지(之)자 짧은 길을,

해돋이에서 해넘이까지
문득 문득 무의꽃 피는 무의도
뚝, 뚝, 지고 피는 핏방울
해 지는 무의도,
허망에 걸리는 낮달.
허방지방 살아온 삶
무소유, 무의도에 가면
옷도 입지 않은 곳
마음도 없으니 옷도 입지 않으랴
옷도 입지 않으니 마음도 없지 않으랴

흑고니

삶의 연민(憐憫)
빈자리가 채울 수 없구나
작별(作別), 오래 두고
외로워, 삶의 광대(廣大)놀이,
그믐달에 숨었다
집도 절도 없는 몸
서러웁고 외로워, 저기 울리는 저 종소리
종소리의 종알 같다
아파도 부딪히리라, 종소리
아파도 흔들리리라, 종소리
발돋움, 발목이 시리고 뜨거워지는
목숨이야, 푸른 하늘 널 뛰고 뜀 뛰는
곤두박질, 한천(寒天)의 찬바람
외로워, 저문 강 흑고니
외로움 뿌리로 목 빼고 혼자 서 있다

나무가 하는 말

나무가 저녁 흐린 들판에서
젖빛 비린내를 귓속에 넣다.
나무에 앉아 어릴적 나무 비린내를 안는다
어릴적 애태우던 마음은
어릴적 어린 죽은 나무의 상처가 말짱하다
아픔이 살았다. 푸르른 아픔이 살았다
푸른 잎들이 이제 우, 우, 우 푸르게 떨어져 나갔다.
뜨겁게 아프게 몸부딪치며 떨어져 나갔다.
뼈만 앙상하게 생선뼈처럼 살을 버린 나무들,
뼈만 앙상하게 생선뼈처럼 살을 버린 나무들,
겨울 나무들 어이 살까
사랑의 말 가눌 길 없는
나무는 겨울 적요를 안고 함묵(含默)하다.
사랑의 말 버린 겨울 나무
온몸으로 몸 비린내 말리다.

아버지, 아버지를 만나러

목련꽃 지는 오월, 달성공원에 가면
오른발을 절으며, 오른발을 절으며,
비둘기 모이 따라 가던
발자국, 빈병자리, 빈병자리
빈병들 모여 산다.
빈병자리별, 빈병자리별.
제발 발 저려 사는 것이
제발 사는 것이 아픈 것이라고
용서와 화해와 사랑과 인내
통, 통, 통술집을 빠져 나와
마음 비틀고 나온 나는
봄꽃이 지고 있는 달성공원
아버지, 아버지를 만난다.
아버지, 아버지를 만나러
한 다리 관절 아픈 다리를 절어본다.
새싹 모여 봄 졌다고
새싹 모여 봄 지더라고
누워 몸부림친다. 아버지 뒷 허리
봄꽃 지고 하얀 목련 진다.

외달도

달리도 밖 서 있는 섬
애달고 고달파 외달고 외달도
썰물에 사랑 속삭이며 서 있는
떠 있는 섬,
바지락, 고동, 소라 굴,
물끄러미 물속에 젖은 외달도
햇볕, 바다, 빛 황소 뿔
황소뿔빛 노을
외달도 젖가슴 노을 젖다.
외달도 외론 낮은 섬
썰물에 해 진다.

속초

속은 붉은 진초록빛 일네
낙산 밤바다
한 마리의 죽은 짐승이었다.
컹, 컹, 컹, 울음을 토해내는
한 마리의 검은 짐승이었다.
배꽃 숨결 터트려 놓은
낙산 배 꽃밭의 흰 배신(背信)
통쾌한 파도 낭패한 물살
말 걸지 마라 말 걸 지마라
함구묵언의 바다 묵언정진의 바다
묵주 알 같은 속초
달빛, 달빛, 싣고 가는
초록은 속초에 서있네
속은, 속은 초록빛 바다 살결이네
육덕(肉德) 좋은 초록빛 바다
속초는 초록빛 바다네

파도, 파도, 밤바다 속초에
속 소리치지 마라
마음 없는 말 하지 마라
밤바다가
속속들이, 속속들이 속속, 속속
속 초록으로 서 있네.
속 초록으로 서 있네.

가을 태백선

가을 노을 타는 태백선
오래 오래 마음 떠는
오래 오래 마음 머문
메마른 엽서 한 장
마른 잎, 낙엽 한 장
마음만 떠는 가슴만 떠는
낙엽 일엽(一葉), 이엽(二葉),
가슴 타는 아내와 관람하는
마지막 밤 프로,
마지막 타는 가을 태백선
허물만 지우고 가는 옛 길
허물만 태우고 가는 옛 길

누운 바다

바다는 좀처럼 잠들지 않는다
바다 밖에는 밤새 함박눈이
몸을 뒤척이고 함박눈보다
더 큰 몸 쳐진 함박꽃이 지고 있었다
투명한 바다는 좀처럼 눕지 않는다
바다, 바다, 사람의 바다 사람의 사랑이란
오래, 오래 삭여 봐야 투명, 투명해지는 걸까
그대, 그대, 푸른 바다, 푸른 파도,
숨 죽여 놓았듯 배추잎, 상추잎 짙푸른
살갗 속내 짙푸른 푸른 마음 풋풋한
봄빛, 별빛, 별들을 안고 누운 바다,
누운 바다는 잠들지 않는다.

봉산동 그 집

달빛, 햇빛 안고, 안고 오가는
향나무 오리나무 오가피나무
앵두 목련꽃 눈 뜨고 눈을 뜨고
햇 익은 막걸리 빛 목련꽃,
눈 뜨고 사네, 눈 뜨고 사네.

봉산동 그 옛날 그 집
황소뿔빛 노을 가리우고
황소뿔빛 노을 안고 우는
북두칠성 눈물 빛으로 비추나
봉산동 그 집 그 옛날
집주인 최 씨 이마
별빛 떨어지고
별빛 안고 가는 그리움

반월당 지하철역, 북극성 별빛
또렷, 또렷, 눈 뜨고 북극성
별빛 눈 뜨네, 별빛 눈 뜨네

풋고추 빛 사랑이 아롱, 아롱, 아롱,
풋사랑 네 가슴,
내 가슴에 아롱, 아롱, 아롱,
절망, 희망, 그리움,
추억 안고 서 있는
봉산동 그 옛날 그 집,
향나무에 황소뿔빛 노을 걸렸네.

가을

단물 다 빠진 열매
단물 다 떨어진 열매
젖물 다 떨어진 쭈그러진
젖, 젖빛, 핏빛 얼굴
붉혀진 저 산속
몸 다 들어낸
핏빛 몸뚱아리
쉷은 몸, 긴 강가에
몸 풀어 놓고
창궐하는 그리움
역마병, 그리움 붉게
타는 몸살,
부끄러운 몸 머리 조아리고
발길 묶는 옛 말씀
넋 꺾어 울고 불고 가는
가을, 네 뱃속에 피는
핏빛, 오장육부를 흔들고 가네
오장육부를 흔들고 가네

레치암, 레치암

잔을 들고 삶의 잔을 들고
삶을 위하여 울지 마라.
네 가슴의 심장보다 더 붉은
삶을 위하여 삶의 꽃 잔에
붉은 진홍빛 이탈리아 와인
수성못 벨기에 시인
베르나르 랑베르시, 동화사
칠월의 폭우 석가탑
석굴암에 우는 석가새는
왜관 베네딕도 수도원 뽈리 신부
가슴에 와 박혀 떠나지 못하네
삶을 위하여, 시를 위하여
네 기도는 이 한밤 여름밤
폭우 속에서 우네, 해인사
팔만대장경 하늘비가 시를 쓰네
팔만대장경 하늘비가 시를 쓰네
레치암, 레치암 부르며 시를 쓰네.

산

아침이면 산은 엎어지고
새벽에 날아오는 흰 두루미
날개를 쭉, 쭉, 펴고
산은 왕고모 엉덩이다.
해종일 퍼질러 놓은 녹색빛 바다
녹색으로 불타고 있네
팔색조 팔락 팔락
팔색조 팔색 팔색
산은 팔색조를 껴안고
사람을 껴안고 별 잘드는
사람의 집을 짓는다.
산은 나무를 키우고 꽃을 키우고
강을 거느린다 울렁거리는
제 마음을 어이 거느릴까
물소리가 따라오고, 물소리가 갈앉는다
산은 언제나 사계(四季)를 안고 앉아서
사람을 거느리고 온다
산길 길목에서 너를 기다린다.

무너져 내리는
가슴앓이 하는 산
산을 낳지 못 하는 불임(不姙)
산은 산을 사랑하는
산은 산을 사모(思慕)하는 마음을 안다.

4
먼 별들속으로

어머니의 눈빛

흰눈 지상에 얹힌 성탄 저녁
푸르른 시절, 푸른 그리운 흰눈,
이승의 끝까지 희고 푸르던
어머니의 눈빛, 노래와
시를 쓰던 청춘이 푸르렀다.
푸르른 상처와 아픔은 이승에
웅크리고 앉아 있겠지.
첫눈 같아라, 첫사랑 같아라
묵언의 기도, 저녁 삼종기도
시간을 넘었다. 천리 만리가 닿아도
울면서 낭떠러지로 가닿는
작두날 시퍼렇게 멍든 삶
슈벨트 '겨울 나그네', 겨울의
자욱한 먼산, 먼산이 바다 꽃향기
해와 달을 좇아 잎 푸른 슬픈 자작나무
온몸을 숲속에 숨겼다

어머니의 푸르고 푸르렀던 눈빛,
겨울은 찬데 마음의 길을 열고
다가 오는 삶의 이끼만
가득 찬 겨울 바다
문득, 문득, 사랑은 바닷가에 숨었어도
흰눈 지상에 얹힌 성탄 저녁
푸른 시절, 흰 손수건과 푸른 해안선
어머니의 눈빛, 바다를 덮고 있다
흰 성탄 저녁 어머니의 눈빛이 푸르다.

낭떠러지

낭패로다
낭패로다
축, 축, 늘어진 심장
아픈 바위에 붙었다.
바위에 눌려
바위를 밟아도
바위는 연신 오르가즘에 젖다
하늘과 하늘 아랫도리에
피는 치자 꽃
치자 꽃 붉고 흰 아픔이
가슴을 뚫고 가는
질긴 가을, 두터운 바람이
귀뚜라미 울음
귀뚜라미 갈빗대를 치고 가는
어둠 속을,
어이 낭떠러지 낭패를 견디랴
어이 낭떠러지 낭패를 견디랴

레치암, 레치암 8

무릎 꿇어 모으고 상상한다 새처럼 날아가고 싶음을,
혼자서 늙고 혼자서 산다 창문 밖으로 물 먹은 별들
기도하며, 기도하며 그들의 눈물이 보였다.
내 손이 아닌 기도의 손이 어둔 밤 가슴에 얹혔다.
먼 곳 먼 곳에서 다가오는 빛살 눈물 파도와 섞인다.
삶은 먼지, 먼지에 덮였으나
죽게 되고 살고, 살고 죽게 되는
기도 속에서 깨어나지 않고 싶다. 레치암, 레치암
멈추지 않는 기도 침묵의 언어 속에 엎디어 엎디어
울고 있었다. 울고 있었다. 기도 속에 울고 있었다.

가을 빛깔

가을의 상처를 녹이고
먼발치, 초록 잎사귀
상처를 붉게 끓이고
가슴, 푹, 푹, 푹, 썩어 내리는
초록 잎사귀 붉게 속을 끓이네
붉게 붉은 마음 붉게 속 탔다
들판길, 황소뿔빛 노을에
푹, 푹, 썩고 쌓이는
가을 빛깔,
이승의 아픔
곤두박질 서고
가슴속 끓이는
이승의 가을 빛깔,
가슴 상처 단풍으로
붉게 물들이고 있으므로,
붉게 물들이고 있었으므로.

만리포에서

바다너울로 옷을 짓고 있네
바다너울로 옷이 되고 싶다
바다로 네 가슴을 덮고 싶다
바다로 어머니 젖가슴 안고 싶다
산처럼 아픈 상처의 높이
만리포 바다넉살로 주저앉고 싶다
만리포 바다 고해소(告解所)
가슴 울음새 툭, 툭, 털고 나오면
툭, 툭, 겹친 상처 겹동백꽃 피고
수평선, 수평선 이승의 울음이
만리포, 만리포 너울 옷으로 출렁이고 있다
사설, 사설, 사설시조의 한자락
서글픈 옛 번지 없는 주막, 바다 너울새
바다 너울 옷이 붉은 노을로 졌다
만리포에서 길고 짧은 이승의 끈을 놓았다
짧은 첫사랑의 끈을 놓았다 만리포에서

내설악(內雪嶽)

산의 아랫도리가 젖어 있었다
내설악(內雪嶽)
잠시 쉬어가는
자궁나무를 보았다
출렁거리는 것은 바다가 아니라
서해(西海)와 동해(東海)가 아니라
마음이었다, 마음은 작약꽃
내설악(內雪嶽) 내스락, 내스락,
내스락, 내스락, 가랑잎 지고
아랫도리에서 내리는
서러운 찬 서리
서리는 떨어져 비늘로 내리고
찌푸린 하늘은
한량없이 높아서
더 큰 우주가 젖고 있는 것이다
더 큰 우주가 젖고 있는 것이다

겨울만 남아
네 무덤 하나 가져가지 못하는
네 무덤 하나 넘어가지 못하는
산의 아랫도리가 젖고
너도 젖고 나도 젖고 있다
습속(習俗)에 젖고 마는 마음
내설악(內雪嶽)에 겨울만 남긴다

레치암, 레치암 9

바람이 지우고 간 삶의 기도
고통은 폭풍, 어머니
삶의 덩어리째 유정(有情)한
아픔의 한 말씀, 한, 말씀
어머니 젖, 어머니 젖 무덤
사랑의 끝, 네 마음 가 닿으면
슬픔을 안고 늘 안으로만
되삭여 온 빛살기도, 화살기도
염경기도, 한 마디 말씀만 말씀만
한 마디 말끝은 서러운 눈 속에 묻고
건들바람, 건들바람, 천심으로 내리는
울컥, 울컥 가슴에 내 치미는 목소리
울컥, 울컥, 심장에 내 치미는 목소리

정선 뗏목

정선 뗏목, 물총새 강은 풀리고
눈이 올라라, 비가 올라나
아우라지, 아우라지, 아우라지
눈물 강, 여량, 여량, 여량, 구절리,
엉긴 실타래 삶의 실타래
옥수수수수염빛 노을, 옥수수 따다가
눈물 나네 눈물 나네 이승의 꽃빛깔
저승 바람 잠 재우네, 삼밭재, 성마령
반점재, 큰 너근령, 작은 너근령
험한 재 아버지 삶같이 험한 준령
어머니 삶같이 푸른 강물 푸른 산
쓰고 단 것 삼키고 앉아
서산에 지는 해는 정선 뗏목에
떨어지고 떨어지는 해는
푸른 강물에 첨벙, 첨벙,
정선 뗏목새, 뗏목새 물총새 따라
강은 풀리나, 눈이 올라나
비가 올라나 두견새 모여 앉아 피 토하고
가슴 토하고 뗏목새 서산에 기운다

동지선달꽃

시퍼런 겨울 시퍼런 강
시퍼런 겨울 얼음꽃이다.
저녁별에 별 따라 우는 울음 꽃이다
저녁 까마귀 따라 가는 까마귀꽃이다.
세곡꽃 세끼 양식따라 우는
세곡꽃 별 지는 밤이다.
청춘이 얼어붙은 이팔 청춘꽃이다
청춘이 시퍼렇게 얼어붙은 얼음꽃이다
푸른 바다 푸른 바다 먼 천심(天心)
천심(天心)으로 우는 천심꽃이다
간밤의 꿈을 서리, 서리 얼어붙게 하는
서리꽃이다, 서리꽃이다
멀건 눈을 멀겋게 뜨고 멀건 세월 보내는
멀건 세월꽃이다.
멀건 눈을 뜨고 멀건 눈을 뜨고 우는
허리 굽은 시름 꽃이다
연방 연방 시름 찧고 가는
언 요강에 피는 요강꽃 동지선달

시름 밭에 피는 구겨진 삶의 부러진
시름 꽃이다 시름 꽃이다 동지섣달
동지섣달 꽃 본 듯이 피는 동지섣달 꽃이다

섬개야광나무

울릉도 바다에 발을 씻고
나무의 울음 밤에 컹, 컹,
바다를 보고 밤에 우는
섬개야광나무야
쩍, 쩍, 몸 쪼개어
벌어진 가슴 드러내어
쩍, 쩍, 몸 쪼개어 빛을 내는
해탈(解脫), 해탈(解脫),
해골 탈, 바가지
울릉도 보살 몸 타는
그리움에 몸 부딪혀
그리움 몸 보살 몸 타는
그리움 알을 낳아
서로 몸 붉은
붉은 몸을 다시 섞어
붉은 핏물 몸 자국에 모아
섬개야광나무 몸 자국에
핏빛 서름 고름으로 모였다
핏빛 서름 고단하게 모였다

함박눈

생각 뒤엎어 버리다
마음 뒤덮어 버리다
분 녹지 못한 소리꾼
목청, 판소리꾼
소리 내리 깔아
눈발 속에 파묻다
왁자한 소리꾼의 몸짓,
때까치, 몸 눈썹 내리깔다
쨍그렁, 이승 한바닥
늦은 밤, 내리는 눈발
이 짧은 시간 동안
하늘새, 몸짱으로
함박눈 덩어리로 내리다
검은머리물떼새,
함박눈덩어리로 울다
함박눈덩어리로 울다

산새

"루이 아라공의 '엘자 찬가'
오월에 죽어간 벗들을 위해
나의 언어는 총알이 되라"

볼가강 새벽, 안개
폴 엘뤼아르, 자유여
허심, 허심이
죽이자, 죽이자, 버려라, 버려라
소릴 낸다.

아, 찔레, 찔레, 찔레꽃, 아찔한 만남
뒷산에 부엉이 앞산에 뻐꾸기
마음, 마음은 마음끼리
마음 꽃끼리 살면
서산 마애석불 돌 속에 핀 꽃
몸속에 푸른 독이 살고
미움과 설움, 분노, 시기, 질투, 퍼런 독이
야윈 네 젖가슴에 피눈물로 맺혀

산새로 날아가네.

미리 쓴 유서가 피 멍들어
루이 아라공 '엘자 찬가'로
나의 언어는 총알이 되어
오월에 죽어간 벗들
짧은 시간 동안 가시로 박힌
아픔을 뽑아낸다.

산새가 푸드득 푸드득 저 산을 넘어 날아갔다.

먼 별들속으로

어머니 무덤에 눈 뜬 먼 별들을
더 높은 곳에 뜬 별들을
슬픔의 양지녘 산길을 돌아서 갔네
별들, 더 멀리 북극 남극보다
더 먼 먼, 길, 먼 별들을 가리키며
먼 별들 속에서 푸른 귀 바닷물소리
생살 푸른 몸짓으로 푸른 어머니 별

열아홉, 철로에 선 부평의 몸을

별지고 곧장 이승을 내려오는
행가래 치는 이승의 물이랑
물 먹은 별들이 팍팍한 가슴을 치고 있다.
향심기도는 통성기도로 통성기도는
희망기도로 해종일 바다는 눈물빛
걸어서 하늘까지 걸어서 바다까지

걸어서 먼 별들속으로 눈 감고 우는
별들을 가리키며 젖은 가슴은 저 하늘
별빛의 눈물빛으로 별들은 희망기도를,
향심으로 향심기도로 반짝이고 있다
향심 물먹은 젖은 가슴으로 반짝이고 있다.

밀물, 썰물

눈과 가슴과 혀와 마음
네 살갗에 남아 있네,
착하게 살아 눈부신 눈빛이
네 살갗에 걸려 있네,
네 살갗에 걸렸네.
소금밭, 소금이네
재앙과 아픔이 쌓였네.
몸에 닿는 그대의 슬픔,
황폐한 사랑도 저물어
잦은 물결, 물결, 물결,
밀물과 썰물, 네 배꼽 아래 젖네.
달맞이꽃은 달을 보고 피나요
별빛을, 네 살갗에 파묻고
갈대 진 하구(河口), 숲 속에
강물 따라 달빛 따라 지친 몸
지친 사랑 이끌고

눈과 가슴
혀와 마음을 안고 섰네.
네가 서 있네, 밀물, 썰물,
네 가슴속에,
밀물과 썰물 가슴에 섰네.

여수

아득한 수평선 바다 끝,
자목련 꽃빛이다
궂은 비, 하늘 다문, 다문 하늘 비
입 다물고 있는 수채화 빛 바다
여린 목숨 몸 풀고 있지
유화 빛 선들, 선들,
담묵 빛, 청색 빛 육체 육체들
유들, 유들, 몸 푸른 청색 빛
네 곁에 푸른 숨 쉬기
내 곁에 숨 쉬기
푸른 불빛
푸른 물빛
새벽별 끌어안고 우는 바다
여수, 여수여 여수
빈 가슴 날 가슴
날 푸르게 잠들지 못한다.

여수여, 여수여 빈 가슴
날 푸르게 새긴다
날 푸르게 새긴다
여수 선들 선들 바람
선들 바람만 빈 가슴에 차고.

저녁별

만지고 싶고 보고 싶고
놓아주고 싶고 가지고 싶고
잊지 않고 싶고 왈칵 껴안고 싶다
바람처럼 와서 바람처럼 가는 것
피범벅이 된 이승의 끝 만지고 가는
붙박은 피붙이 붙박은 피붙이
눈물 속 빛나다
늙으면 더욱 만지고 싶은
야윈 젖꼭지 가슬, 가슬
저녁별 가슬, 가슬,
가을 산 넘어 거머리로 달라붙어
가슴에 박혔다 늙음까지 끌어안고
파란만장(波瀾萬丈),
저녁별 꼴깍, 꼴깍
꼴깍 기침 속
이승을 넘어 가고 있다

바다, 해

바다, 해는 수평선 위에
가는 숨 몰아쉬며 몸을 내밀고 있다
가는 숨 몰아쉬며 몸을 내리고 있다
설피나무, 순비기나무 발등에
바다 해는 몸 숨긴다
수수밭을 우, 수, 수, 수 우수수, 우수수
황소뿔빛 노을 재갈매기 홀로 울고 가는
그리움 목 눌러 물소리, 바람소리, 바다소리,
휘감고 가는 바다 길, 휘감기고 가는 바다 집
바다에 빈 산 눕고, 바다에 빈 산 눈 먼
그리움 낮 뻐꾸기 된소리 고요
고요로히 가라앉는 바다 해 지는
희고 붉고 푸른 사랑의 말
단 한 번 지고 피는 바다 해
숨결 따라 꽃 다 진 숨 자리에
별들이 네 가슴 적시고 있을까
별들이 제 가슴 적시고 갈까

푸른 넋과 만나 술 마시다

억마구리, 억, 억, 억, 우짖는
달도 젖고 비도 젖고
마음도 억, 억, 억, 우짖는
비는 물, 폭포로 내리 퍼붓다
억수로 내려, 억수로 내려
억수로 푸른 넋도 젖고
속수무책, 넋과 만나
푸른 희망, 절망과 함께
술 마시다 벼락, 벼락 치는
벼락과 만나 마음 살을 섞다
넋과 만나 절망한다
물방울, 산과 들과 축, 축, 늘어진
하늘 윗도리 척, 척, 새파랗게
붙은 하늘, 하늘, 하늘,
영원과 가뭇한 사랑을
야윈 젖무덤, 치졸한 넋과 만나
술 마시다 위험한 이승의 고비, 고비
고비마다 늙은 넋과 만나 술 마시다

눈물 역, 하늘 역 가슴 굽이굽이마다
가슴의 정거장에서 억마구리 우짖는
늦은 저녁 때 억수로 퍼붓는 젖은 비
장마비와 함께 푸른 넋과 만나 술 마시다

사람의 탑

사람이 죽어서 죽은 사람을 전부 모아
탑을 쌓는다면 탑을 쌓는다면
탑의 길이는 얼마나 될까
사람이 죽어서 사람이 죽어서 강이 된다면
그 강의 길이는 얼마나 될까
사람이 죽어서 살아있는 동안 사연을 모은다면
그 긴 사연의 길이는 얼마나 될까
함박눈보다 많을 것이고 함박눈보다 쉬이 없어질 것이다.
함박눈보다 가을비보다 낙엽보다 지천으로 많을 것이다
지상에 잠간 머물다 가는 망망대해 일엽편주
사람의 탑은 눈물로 지어질 것이다.
사람의 탑은 뼈만 남을 것이다
사람의 탑은 흙무덤이야 흙탑이 될 것이네.
우리 만나 헤어지면 강가에나 가서
모래탑이나 쌓자 모래톱이나 쌓자
무릎을 꿇고 앉아 한 마리 새를 날리자.
사람의 탑, 말도 발도 손도 눈도 없다
사람의 눈을 가진 사랑의 새, 사랑의 탑을 쌓자

검은머리물떼새, 총총이 앉아
바닷물떼새로 모여 우네.
바닷물떼새, 푸른 한을 안고 푸른 사연을 안고
사람의 탑을 오르네 사람의 사랑, 참회의 긴 강을
사랑의 이름으로 부르네, 사람의 이름으로 부르네.
함박눈 함박눈은 망망대해에 흐르네. 흐르네.

목숨

너를 파헤쳐 보면
이미 너는 없어지고
불꽃으로 넘어지고
가슴 잘린 산자락 두 봉우리
산자락 속살이 모두 네 눈물이다
애절한 사랑의 목소리
백목련, 자목련 목숨
시드는 순정한 네 몸
짧은 목숨, 젖꼭지도 방사능에 녹고
맨발로 알몸으로 너를 파헤쳐보면
사랑의 물빛 터널
사랑의 물빛 최후
이승의 달그림자
남아 있는 아픈 삶의 흔적
흙벽, 황토 흙벽
삶의 지평을 묻어버리고

없어진 너는 불빛 물빛, 별빛
침묵, 고요, 적요, 평화,
피로한 젊음이 무너지던
연두빛 강 언덕 그리움이 넘어지고

서까래 틈 사이로

서까래 틈 사이로 하느님 웃으시네,
서까래 틈 사이로 스며든 그리움을,
진눈깨비 틈사이로 쏟아지는
슬픈 잔(殘)영(影)
기다림으로 설레고
기다림으로 우는 서까래 밑
저무는 살의 파편
삶의 저무는 햇빛
지축(地軸)은 소리없이
황소뿔빛 노을에 시들고,
그리움 황소뿔빛에 저물고
서까래 밑에 소리 없이 쌓이는
오줌발 쉬이, 쏴아
서까래 틈사이로
어둠의 생명이 싹트고,
어린 생명, 목숨이 싹 트고.

DMZ

땅과 철책을 넘었다, 한반도
미루나무 시퍼런 깊이, 임진강
하나의 생명이 하나의 목숨이
만나는 생명선의 깊이

순정(純情)한 야생(野生)의 열매는
야성(野性)을 낳고
송악산 개성 안테나
삶은 자연에 파묻혀

밤은 밤하늘에 밤을 낳고
드러누운 별 하늘에
가슴마다 일기(日記)로 반짝인다.

DMZ, DMZ, DMZ
아, 만나지 못하는
시간의 밀물과 썰물.

동화사

오동낙엽 쓸자
동화사, 저녁 공양
적막 깔고 앉아
저녁공양 앉은 늙은 오동나무
저녁 법문,
대 싸리비 싸리비 끝에 머물고
싸리비 빗자루 끝에 쓸려간 이승의 짧은 연(緣)
싸리비 끝물에 감돌던 이승의 인연(因緣)
한 잎, 두 잎, 일엽(一葉), 이엽(二葉)
소스라쳐 잠 깬 까막새, 까막눈
잎 지고 꽃 진자리
하늘 별 잠긴 그 자리네,
저녁 법문 스러지네.
애틋다, 애틋다
애 울음 애 짓지 못하고
이승의 것들, 이승의 것들이
자꾸 자꾸 투덜대는 삶의 골짜기
한마디 마디, 마디 저녁 법문

찍고 누르는 그믐달 그믐 별들도
한 마디 차고 기우는 오동나무
오동, 오동 걸렸네, 적막을 깔고 누운
동화사 앞, 뜨락 이승의 삶의 꽃
낙화분분, 낙화분분, 동화사 눈부신
오동꽃 오동꽃, 늬 넋 만지러 울고 갔네
늬 넋 만지러 동화사, 저녁 법문,
이승 끝, 모서리에 섰다.
이승 끝 한 모서리에 섰다.

하늘말나리꽃 3

대한(大寒),
추웠던 남산동 이층
하늘말나리꽃 몇 묶음이
젖은 눈 속에 피었다
저녁 한기(寒氣)와 함께
대학시절 피었던 하늘말나리꽃
몇 묶음이 저녁 늦게
저녁 밥상에 함께 앉았다
나는 겨울철선(鐵線)을 따라

'삶의 평행선'

간이역을 찾아 헤매고 헤매어
죽음의 길, 길 떠나고 길 떠났으니
하늘말나리꽃 몇 묶음이
그대로 추웠던 남산동
찌그러진 목조 계단 이층에
그대로 버려진 채 피고 있었다

정년(停年)

내 정령(精靈) 술 섞여 시의 길에 들었으니
자연, 자연 속에 살고자 네 등뼈 이제
휘어졌으니 산과 물 바다가
백로에 허리띠 달고 옛 시름을 찾아
정년(停年) 이제 마음껏 쉬고 가자
삶의 길, 영혼의 숨결을 고르고
여여(如如)히 숨은 향기
노래여, 천년의 향기, 천년의 노래여
여(旅)역(逆)광음(光陰)에 인생
시름 모아 놓고 이제 정년(停年)
꽃은 밤비에 젖고 빛은 술 이제 마시니
세포에 유전자 밤비에 젖고
꽃이 진다고 밤비 멎을라.
레치암, 레치암 부르는 네 소리
네 기도, 네 영혼의 숨결 고르는 시(詩)가 그립다.

침묵의 가랑잎

가랑잎은 눈물 같다고
가랑잎은 야위어 침묵하고
스러지고 바람에 몸 타는
바람의 몸놀림에
몸짓을 털고
캄캄한 밤길
침묵의 가랑잎만
삶을, 인생을 헤매고
침묵의 노래만
해가 떨어져 몸으로만 누운
가랑잎, 가랑잎, 눈물로만 쌓였네.
침묵의 가랑잎만
침묵의 가랑잎만
산에 들면 산 가랑잎
들에 들면 들 가랑잎
강에 들면 강 가랑잎

침묵 속에 들면 침묵의 가랑잎
선방(禪房)에 몸 트는 선승(禪僧)
마음만, 마음만 가랑잎
침묵 위에 누웠다.

바다, 참선(參禪)해

눈 내린 바다에 짐승처럼 앉았다
눈 내린 바다에 허무처럼 앉았다
눈 내린 바다에 소리죽여 죽고 싶었다
뜸 들인 길소 뜸들인 바다가 쌀 한알에 들었다
한톨 낱알이 바다가 되었다
바다가 낱알속에 있었다
눈 내린 바다 흔적조차 사라진 바다
바람같은 그 바다, 참선(參禪)에
입정(入定)하다

폭포

장좌불와(長座不臥)
별 볼일 없구나
네 사랑,
네 시,
네 죽음,
네 소신공양(燒身供養)도,
이승의 끝자락도
떨어지고 있다.
잠들지 마라, 그대여
푸른 칼날로 선
벼락이 내려쳐도
천둥소리,
소낙비가 내리쳐도
한가닥, 한겹으로
떨어지고 있구나.
이승과 저승이
낙엽과 꽃이 한가지로
지고 있구나

레치암, 레치암 10

네 기도는 수평선
긴 마음을 끌어안고 앉아
목 놓아 울어도 파도, 파도 따라
가는 수평선
가슴을 펴내도
심장을 떼어 놓아도
한 일(一)자로 획 획 긋고 가는
바다의 흐린 파도
파도를 씻고 가는
파도를 안고 가는 네 기도
네 젖은 생각
젖은 파도만 울고 가네
젖은 파도만 울고 가네

가랑잎만

간절하던 소리
간절하던 그리움,
간절턴 세월,
간절턴 죽음 켜켜이
이승의 주문(呪文) 외듯
바람, 몸, 마음이 섞여
그리움을 외고 가듯
바람과 섞여 가랑, 가랑,
고개 기울고 가네.
고개 기울고 있네.
가랑, 가랑, 가랑, 가랑잎 소리,
삶의 배꼽, 삶의 배꼽 간질이고 가네.
삶의 가슴 덮고 있네.
삶의 가슴 울리고 가네.

라트라타, 라트라타

수장(水葬), 매장(埋葬), 조장(鳥葬),
풍장(風葬), 수장(樹葬), 화장(火葬)
모두 가는 길,
라트라타, 라트라타, 바다 길
바다 길 열고
백년 가락 넘어 왔네, 허공바람,
바다를 넘어 온 달,
두투레 방석에 누웠네
삶의 길, 구절양장(九折羊腸) 구절양장(九折羊腸)
하늘, 바다, 별, 해, 달, 나무, 강,
세상 허명, 하늘, 바다 길 속에 누웠으니
천년 길 열어 우는 접동새
산 접동새 산에서 울고
바다 갈매기 허, 허, 허, 허, 피울음 쏟고
백발 따라 소년은
여역광음(旅逆光陰) 따라 우노니
아, 라트라타, 라트라타,
지옥에서 연옥에서 천국을

천국에서 연옥 지옥을
레치암, 레치암, 레치암,
파도소리 적멸을 물어뜯고
가슴을 물어뜯고 사는 길
불인가 물인가 별인가 바다 하늘인가
라트라타, 라트라타, 라트라타,
네가 가는 길 이승을 넘어 저승을
저승을 넘어 이승을 이기고 오는 바람같이
넘어오는 아, 라트라타, 라트라타, 라트라타,
강렬하고 역동적 갈매기, 바다 길 소통하는 길
바다 길, 수장(水葬)으로 넘어가는 길
감포 문무대왕릉 돌아, 돌아 용(龍)이 되어
비룡(飛龍)되어 승천 하는 길,
라트라타, 라트라타, 라트라타.

* 註
라트라타, 라트라타 : 바다 길
레치암, 레치암 : 히브리어 삶을 위하여, 삶을 위하여 축배, 건배 때 하는 말
두투레방석 : 장독을 덮는 데 쓰며 깔고 앉기도 하고 짚으로 만든 둥근 방석

삶의 旅情과 詩人의 노래

— 박해수 시인의 삶과 詩 世界

배용파(시인, 국제문예 발행인)

박해수 시인은 시와 함께 살고 시와 함께 죽을, 숙명적으로 시인으로 태어난 '참 시인' 의 전형으로 나에게는 깊게 각인되어 있다. 文學, 그리고 시 창작은 그에게는 삶 그 자체라고 해도 전혀 이상하거나 어색하지가 않다. 그만큼 그의 삶의 旅情은, 그리고 삶 그 자체도 시창작과 문학활동을 떼놓고는 생각할 수가 없다. 무엇보다도, 손가락으로 꼽을 정도로 드물었던 1960년대의 고등학교 재학 중 발간한 시집 〈꽃의 언어〉에서 보듯 그는 어린 시절부터 시와 함께 살아온 '참 시인' 이라고 하겠다.

어느덧 반세기, 50년의 詩作活動을 넘어선 박해수 시인의 열다섯 번째 시집 〈맨발로 하늘까지〉에서 시인은 불꽃같은 창작 열정과 무르익을 대로 무르익은 시심으로 삶의 旅情과 삶의 본질을 절절하게 노래하고 있다.

새벽 5시 30분 수성 못 맨발로 걸으며
울음나무 곁으로 간다.
툭, 툭 얼룩지는 삶의 그늘이 발톱긴풀로
그늘진 물그림자를
꽁꽁 묶고 있다. 북새통 반세기, 시를 껴안고 울었으나
울음나무가 되지 못했다. 종(鐘)을 치고 싶었다.
젖어서 마음 젖은 맨발로 하늘까지 가면 된다.

– "맨발로 하늘까지" 中

위의 시에서 보듯이 시 창작을 향한 시인의 뜨거운 창작투혼과 문학에 대한 끝없는 그리움을 엿볼 수 있다. 문학이야말로 자신의 삶 그 자체이듯이 한없이 문학 속으로 빠져들고 있는 것이다.

1960년대, 대구시 중구 달성동에는 대구의 대표적인 공원이었던 달성공원이 있었는데 이곳에 이상화 시인의 시비가 있었다. 바로 이곳이 전국의 문예콩쿨 입상자들을 비롯한 '학원문학상' 출신들, '한국학생시우회' 출신들 등 문학을 사랑하는 젊은 청춘의 문학마당이었으며 박해수 시인도 거의 매일을 이곳 이상화 시비 곁에서 문학과 함께 하며 보냈다.

특히 그가 다녔던 대륜고등학교는 이상화, 이육사 등 한국의 시 문학사를 빛낸 시인들이 나온 곳이어서 더욱 그러했을 것이다.

겨울 응혈,
흰눈이,
영천 만불사, 납골당에 내렸다
버릴 것 다 버려 두고
빈 것으로 다가왔던가
마흔 아홉, 다 넘기지 못하고
빈 들판, 거뭇, 거뭇
생채기 하 많던 삶이었기에
지상의 것들,
겨울 응혈로 흥건하니
순간 겨울 동백꽃이 붉게 폈다
겨울 동백꽃 같은 등불이 그리워,
응혈로 된 흰눈이 내린다.

– "아버지" 전문

어머니 무덤에 눈 뜬 먼 별들을
더 높은 곳에 뜬 별들을
슬픔의 양지녘 산길을 돌아서 갔네
별들, 더 멀리 북극 남극보다
더 먼 먼, 길, 먼 별들을 가리키며
먼 별들 속에서 푸른 귀 바닷물소리
생살 푸른 몸짓으로 푸른 어머니 별

열아홉, 철로에 선 부평의 몸을

별지고 곧장 이승을 내려오는
행가래 치는 이승의 물이랑
물 먹은 별들이 팍팍한 가슴을 치고 있다.

– "먼 별들속으로" 中

일본의 경도상업전문을 나오고 점잖으시기만 했던 시인의 부친과 대구의 명문 신명여고보를 졸업하고 팔남매(당시로서는 흔한 경우였음)를 훌륭하게 키우신 어머니에 대한 절절한 그리움과 사모의 정을 시인의 특유의 필치로 서술하고 있어 읽는 이들의 마음을 적시고 있다. 특히 젊은 나이에 타계하신 아버지에 대한 안타까움과 애석한 심정은 상금도 시인의 마음 한구석에서 자리하고 있는 듯하다.

사실 박해수 시인과 필자는 감수성이 예민했던 사춘기의 십대 시절을 한 동네에서 보냈기 때문에 비교적 서로의 집안 사정을 잘 알고 있었다. 아침마다 지금은 고인이 된 박 시인의 형과 함께 등교하려고 박 시인의 집을 방문하여 앞마당에서 놀고, 기다리고 하던 때가 참으로 그리운 시절이었다. 한창 예민하고 호기심이 많았던 십대 시절, 비교적 깨끗하고 고급스런 대구의 삼덕동에서 우리들은 끝없이 푸른 꿈을 키워가느라고 젊음을 불태우기에 여념이 없었다.

잔을 들고 삶의 잔을 들고

삶을 위하여 울지 마라.
네 가슴의 심장보다 더 붉은
삶을 위하여 삶의 꽃 잔에
붉은 진홍빛 이탈리아 와인
수성못 벨기에 시인
베르나르 랑베르시, 동화사
칠월의 폭우 석가탑
석굴암에 우는 석가새는
왜관 베네딕도 수도원 뽈리 신부
가슴에 와 박혀 떠나지 못하네
삶을 위하여, 시를 위하여
네 기도는 이 한밤 여름밤
폭우 속에서 우네, 해인사

– "레치암, 레치암" 中

독실한 가톨릭 신자이기도 한 박해수 시인은 삶을 위한 기도보다도 시를 위한 기도에 더 자신의 몸을 던질 정도로 레치암을 부른다. 더 나아가 시인의 고향 대구와 근교의 동화사를 방문한 프랑스의 대표적 시인인 베르나르 랑베르시와 왜관 베네딕도 수도원의 뽈리 신부까지도 시를 위하여 부를 정도로 온 몸을 던지고 있음을 본다.

박 시인의 대표적인 시 "바다에 누워"는 1974년 제1회 한국문학 신인상으로 당선되었을 때 붉은 200자 원

고지 넉 장에 담아 쓴 시로 당시 김동리 선생이 발행인이었던 「한국문학」지에 발표되었으며 편집장이었던 소설가 이문구 선생과 김춘수 시인의 전화 등으로 당시의 한국문단에서 크게 주목을 받았다.

당시의 대구는 교육과 문화의 도시로서 미술과 음악, 시와 소설, 그리고 막걸리와 사과가 풍요로운 낭만이 넘치는 고장이었다. 기라성 같은 문필인, 화가, 음악가들이 뽐내는 문화예술의 중심지로서 김동리, 박목월, 현제명, 박태준, 이흥렬 등과 청라언덕, 약전골목, 동성로, 향촌동 그리고 수성못과 달성공원 등은 박해수 시인이 영남지역을 대표하는 시인으로 우뚝 설 수 있게 하는 충분한 자양분과 토대를 제공하여 왔다고 볼 수 있겠다.

산의 아랫도리가 젖어 있었다.
내설악(內雪嶽)에서
잠시 쉬어가는
자궁나무를 보았다.
출렁거리는 것은 바다가 아니라
서해와 동해가 아니라
산의 아랫도리가 젖어 있었다
내설악(內雪嶽)
잠시 쉬어가는
자궁나무를 보았다
출렁거리는 것은 바다가 아니라

서해(西海)와 동해(東海)가 아니라
마음이었다, 마음은 작약꽃
내설악(內雪嶽) 내스락, 내스락,
내스락, 내스락, 가랑잎 지고

– "내설악(內雪嶽)" 中

이 시에서 시인이 인용하고 있는 내설악, 자궁나무, 바다에서 볼 수 있듯이 시인은 메타포 기법을 원용하여 세속적인 현실을 넘어서지 못한다면 결국은 삶의 본질은 그 본래의 의미를 상실하게 된다는 것을 부드러우면서도 날카롭게 지적한다.

누구보다도 고향을 사랑하고 아끼는 영남지방을 대표하는 향토시인이면서도 나아가서는 조국의 산하를 온몸으로 껴안으려는 듯 빼어난 서정성으로 간이역 시 세계를 구축하여 온 박해수 시인!

반세기를 넘어선 창작을 향한 불꽃 투혼과 그가 걸어온 고독한 여정(旅程), 온 몸으로 시의 삶을 살아온 우리 시대의 대표적인 서정주의 시인이자 '참 시인'의 전형(典型)인 박해수 시인에게서 우리는 시인이 쌓아온 시 세계의 속살에 어느 정도는 다가갈 수 있으리라 믿는다.

긴 세월 시인이 구축하여 온 방대한 시의 세계와 역사관에 대하여는 다시 논급할 기회가 있으리라 믿고, 이 자리를 빌어 다시 한 번 시집 출간을 축하하는 바이다.